NÉE QUELQUE PART

MICHÈLE HALBERSTADT

NÉE QUELQUE PART

ALBIN MICHEL

Pour Simone, ma sœur,
bis hundert und zwanzig.

«Je suis né quelque part
Laissez-moi ce repère
Ou je perds la mémoire.»

Maxime Le Forestier

Je suis la dernière des Halberstadt. Ce nom s'éteindra avec moi. Je l'ai toujours su, sans y accorder d'attention, sans y chercher du sens. Je prenais ça comme une singularité anecdotique, un privilège réservé à la petite dernière. L'hérédité, la descendance étaient des concepts abstraits sur lesquels je ne souhaitais pas m'appesantir. Je partageais l'approche de mon père qui, lorsqu'on l'interrogeait sur sa famille, son passé, balayait les questions d'une main définitive : seul le présent lui importait.

Quand mon père m'a parlé de sa mère pour la première fois, il était assis dans son fauteuil favori, une duchesse en velours kaki dont le dossier rigide soulageait sa colonne vertébrale. Il avait quatre vingt-quatorze ans. À côté de lui, une lampe à pied accueillait les arrivants. Ce jour-là, sa lueur blanche me chauffa les joues quand je me suis penchée pour l'embrasser. Une ampoule neuve, sans doute. Est-ce à cause de ce halo inhabituellement fort qui a brusquement éclairé mon visage ? Il me dit soudain : « Tu me fais penser à ma mère. » Dans la foulée, il ouvrit le tiroir supérieur d'une commode en chêne à sa portée, dont il extirpa sans la chercher une enveloppe un peu jaunie. Il en sortit délicatement une photo d'identité au contour dentelé. « Je n'en possède pas d'autre. » Ses yeux allaient de la photo à mon visage. « C'est dans le regard, je crois. » Il me la tendit.

Le visage d'une femme brune portant un chemisier blanc au col brodé remplissait le cadre. Elle pouvait avoir entre vingt-cinq et quarante ans. Ses lèvres closes étaient charnues. Ses cheveux plaqués sur ses tempes et couvrant à demi ses oreilles étaient coupés court, à moins qu'ils ne soient attachés en chignon. Elle avait le front haut, un nez droit, un ovale parfait. Elle fixait l'objectif sans timidité ni coquetterie, sans douceur non plus. Elle se contentait de regarder droit devant elle, pensivement, sans esquisser le moindre sourire. Je sentais dans cette placidité une sorte d'intensité, presque de la défiance. Ses yeux étaient plus sombres, plus opaques que les miens.

« Elle a l'air un peu triste, non ? » Mon père me caressa la joue. « Moi je dirais plutôt… *melancholisch.* » Il rangea la photo et changea de sujet.

Il mourut cinq jours plus tard.

Halberstadt est un nom composé de onze lettres. Huit consonnes et trois voyelles. Il pourrait rapporter au minimum dix-sept points au Scrabble. Il ne procure que des soucis dans la vie de tous les jours : « Vous pouvez me l'épeler ? », « Ah, ça prend un H au début ? », « Dd ou dt à la fin ? », « Sans c le stadt, vous êtes sûre ? », « Albert quoi ? », « Ça s'écrit comment ? », « Vous n'êtes pas d'ici ? », « C'est alsacien ? », « Vous êtes allemande ? », « C'est curieux, vous n'avez pas d'accent ».

Halberstadt est un patronyme encombrant pour une préadolescente timide à la scolarité vacillante. J'aurais aimé passer inaperçue mais il y a ce nom qui écorche les oreilles dans les années soixante. Les enseignants le prononcent Alberstade, une interprétation aussitôt adoptée par les élèves et enrichie d'une variante qui renaît à chaque rentrée scolaire : « Alors, Albert, tu vas au stade ? » S'entendre affubler d'un nom de garçon ne me rassure pas sur ma féminité naissante. En plus, je suis nulle en sport.

Un soir de cafard, j'entends à la radio mon chanteur préféré évoquer ses débuts. À l'animateur qui lui demande : « Vous n'avez jamais eu envie de prendre un pseudonyme ? Votre nom est compliqué, tout de même ! », il répond en riant : « C'est tout le contraire ! J'ai toujours pensé que c'était une chance. Une fois qu'on retient mon nom, on ne l'oublie plus. » Il s'appelle Michel Polnareff. Ses déclarations me sidèrent. Il est donc possible de s'enorgueillir de sa différence ?

Plus tard, dans un train, lors d'un long trajet professionnel, Jacqueline Baudrier, la présidente de Radio France, s'enquiert de ma vie privée. Apprenant que je suis fiancée à un banquier d'origine corse, elle m'interroge : « Et vous comptez changer de nom ? » Je m'apprête à acquiescer lorsqu'elle pose une main vigoureuse sur la mienne : « Ne faites pas la même erreur que moi ! Baudrier, c'est le nom de mon premier mari. Je le déteste ! À présent je m'appelle Hélène Perriard, c'est le nom de mon second époux, mais c'est trop tard. J'ai fait carrière sous ce nom de Baudrier que je suis obligée de porter. Chaque jour, je regrette de ne pas avoir conservé mon nom de jeune fille, Vibert. C'est comment votre nom ? Halberstadt ? C'est original. Surtout, gardez-le ! »

Au festival du cinéma américain indépendant de Sundance, j'attends debout, frigorifiée, au sein d'une foule compacte, l'ouverture de la salle où est programmée la première mondiale d'un film très attendu. La séance a pris du retard. Un problème technique. Il faut patienter dehors. Il a cessé de neiger, la nuit est tombée, l'humidité s'infiltre dans nos manteaux fourrés. Quand les portes s'ouvrent, un millier de personnes se précipitent d'un coup. À l'intérieur, une armée de bénévoles a pour mission de scanner nos accréditations avant de nous laisser passer. En guise de sésame, nous avons chacun, fixé au bout d'une corde rouge passée autour de notre cou, descendant au niveau de la poitrine, un grand badge blanc plastifié rectangulaire, aussi encombrant que ceux dont on affuble les mineurs non accompagnés lorsqu'ils voyagent seuls en avion, avec notre nom de famille inscrit en lettres majuscules noires. Je discute avec mon voisin et tends machinalement mon badge devant moi, sans tourner la tête ni m'interrompre, ne m'immobilisant que le temps d'entendre le bip signifiant que je peux aller m'asseoir. J'entends bien le bip, mais mon badge, et donc mon cou, restent immobilisés, retenus dans des mains vers lesquelles je tourne un visage impatient.

Une jeune fille aux joues cramoisies retient mon pass en souriant. Elle entrouvre le zip de sa doudoune bleu ciel et me désigne du menton le nom figurant sur le sien : Anna Halberstadt.

Au cœur de l'Utah, en plein territoire mormon, dans le hall du multiplexe d'une station de ski, à deux mille cent trente-quatre mètres d'altitude, parmi cette masse de gens pressés, cette foule cosmopolite, cette cinquantaine de bénévoles, le hasard m'a placée face à une inconnue dont je partage le nom, qui m'explique, dans un anglais à peine teinté d'un accent qui m'est familier, qu'elle est venue passer un an en Amérique comme jeune fille au pair, qui me demande si je parle l'allemand, sa langue natale, si j'ai de la famille dans son pays d'origine, si je me suis jamais rendue dans la ville d'Allemagne qui porte notre nom et si à moi aussi on a toujours dit, comme à elle, qu'il y a une seule et unique famille Halberstadt à travers le monde.

Mon père s'appelait David Halberstadt. Il est né le 15 novembre 1915 à Wegrow, une petite ville de Pologne. En 1936, il choisit de faire des études de droit. L'accès à l'université lui est interdit pour cause de numérus clausus, trop de Juifs s'étant inscrits avant lui. Alors il décide de partir. Il prend le premier bateau pour la Palestine. Ses deux frères, Aron et Israël, le rejoignent l'année suivante.

La femme sur la photo, leur mère, s'appelait Feiga. Je ne connais ni son nom de jeune fille ni la date de sa naissance. Je sais uniquement qu'elle est décédée en 1939, avant la guerre, d'une maladie.

Leur père s'appelait Samuel. J'ignore également sa date et son lieu de naissance. J'ai appris qu'il aidait les Juifs à quitter clandestinement la Pologne et qu'il fut dénoncé, puis fusillé. J'ignore quand cela s'est produit.

Les deux sœurs de mon père ont été déportées. Je ne connais pas leurs prénoms.

Ses frères sont restés en Palestine, où ils sont morts dix ans avant lui.

Je n'ai pas oublié ce dimanche après-midi, chez moi, à la campagne. Mon père est allongé dans sa tenue favorite – pantalon à grosses côtes marron, polo bleu ciel, un chapeau de paille pour protéger son crâne chauve et les pieds nus – à l'ombre de ce marronnier centenaire sous lequel il aime faire la sieste et qui est devenu pour moi une sorte de totem, l'emblème végétal de mon père.

Comme je sais qu'il n'aime pas dormir trop longtemps après le déjeuner, j'attends une petite demi-heure pour venir m'asseoir à ses côtés. Il a le sommeil léger. Le cliquetis de la théière que je pose sur la desserte en bois suffit à le réveiller.

Il me sourit et s'empare de la tasse dans laquelle il boit par petites gorgées, avec délectation.

« Cela fait au moins quinze jours qu'on ne s'est pas parlé. Raconte. Où étais-tu partie cette fois ? »

Je lève les yeux au ciel. « À t'entendre, on dirait que je mène une vie d'exploratrice ! J'étais juste à Toulouse, pour voir des premiers films en cours de finition.

– Pourquoi les montrer, s'ils ne sont pas finis ?

– Parce que leurs auteurs cherchent de l'argent, précisément pour pouvoir les terminer. »

Il hoche la tête. « Et alors ? Tu as trouvé un film que vous pourriez aider ? »

Je me penche vers lui, enthousiaste. « Il y a ce jeune réalisateur polonais qui nous a montré une heure de film en noir et blanc, l'histoire d'un enfant témoin d'un… »

Mon père repose soudain sa tasse un peu brusquement sur la soucoupe et m'attrape le poignet. « Écoute-moi bien. » Ses yeux clairs me fixent intensément, sans douceur. « Ne travaille jamais avec un Polonais. Je te le demande. » Sur mon bras, la pression s'est faite plus forte, à faire saillir les veines bleutées de sa main. Puis, comme si de rien n'était, il me libère, reprend sa tasse et termine son thé lentement. Il a fermé les yeux. La discussion est close.

Mon père, cet homme posé, modéré, tolérant, ne m'a jamais rien interdit. Il préférait me convaincre. Quelle que soit la circonstance, il a toujours choisi la discussion, privilégié la négociation. Il détestait toute forme de diktat. Parfois, il m'exprimait sa réprobation, ses doutes. Il me mettait en garde. Mais il m'a toujours laissée libre de mes décisions.

Pour en savoir davantage sur son enfance, son passé, sa famille, il aurait fallu que je me rende en Pologne. Depuis cette conversation, je me suis interdit de faire ce voyage.

Vers qui me tourner ? Plus aucune parenté directe n'est encore en vie, à part ma sœur aînée, quelques lointains cousins ou des petits-enfants, vivant pour certains en Israël, d'autres en Amérique du Nord, ou en Argentine. Je les ai tous interrogés : ils n'ont pas plus d'informations que moi. Eux aussi ont grandi avec cette idée fixe : tous les Halberstadt sont liés, nous appartenons tous à une seule famille.

Lors d'un salon du livre, une attachée de presse évoque une biographie dont elle s'occupe, consacrée à Martha Bernays, l'épouse de Freud. « Vous saviez, bien sûr, qu'une de leurs filles, Sophie, avait épousé un Halberstadt ? »

Je ne le savais pas.

En mai 1912, Sophie Freud va passer quelques mois à Hambourg. C'est la première fois qu'elle quitte sa Vienne natale, la première fois qu'elle voyage seule. Elle vient d'avoir dix-neuf ans. Elle a les yeux noirs et un teint de porcelaine. Elle a toujours su qu'elle était jolie, mais elle est trop petite à son goût et veille à porter des talons fins qui la rehaussent et mettent ses chevilles en valeur. Ses cheveux bruns sont séparés par une raie au milieu et noués en chignon, avec juste deux mèches qui s'en échappent pour encadrer des joues qu'elle trouve trop rebondies. Elle a gardé les rondeurs de l'enfance. Elle aime s'habiller en blanc, comme sa mère dont elle apprécie l'élégance et suit avidement les conseils. Elle lui porte un amour exclusif et ne doute pas d'être sa préférée, surtout depuis que Mathilde, sa sœur aînée, s'est mariée, quittant définitivement la maison où Sophie vit toujours, avec ses trois frères et une petite sœur, Anna, avec laquelle elle ne s'entend pas.

Sophie a convaincu ses parents de la laisser partir seule,

à plus de mille kilomètres de chez elle, dans l'espoir de tourner une page définitive sur son chagrin d'amour. Hans, l'ami d'enfance de Martin, son grand frère, Hans, son aîné de quatre ans qui, d'aussi loin qu'elle se souvienne, partageait leurs jeux, leurs vacances, presque leur quotidien, Hans est le premier homme qui l'ait fait rêver. Un rêve chaste, comme il se doit à l'orée du vingtième siècle. Il lui a déclaré sa flamme au moment où Mathilde quittait la maison pour épouser l'homme d'affaires qu'elle fréquentait depuis un an. Hélas, Hans n'est qu'un étudiant démuni. C'est la raison qu'ont donnée ses parents pour lui refuser la main de leur deuxième fille. Sophie s'est soumise à leur décision sans se rebeller. Elle sait qu'en réalité, ses sentiments pour Hans étaient exacerbés par son désir de quitter la maison familiale. Sophie n'est plus heureuse chez ses parents. Elle supporte mal de vivre sous la double autorité de sa mère et de sa tante Minna, qui habite avec eux. Elle s'exaspère d'être scrutée en permanence par une petite sœur jalouse.

Si Anna, la cadette, se passionne pour les travaux de son père, Sophie n'a pas ce genre d'intérêt. Elle se satisfait d'être devenue la jeune bourgeoise élégante et discrète que sa mère et Minna ont façonnée. Elle sait tenir une maison, faire la cuisine, s'occuper des plus jeunes qu'elle. Elle souhaite mettre ses talents en pratique. Son ambition est de rendre un homme heureux et d'élever à ses côtés des enfants qui leur ressembleront.

À Hambourg, Sophie réside chez sa grand-mère, comme elles en ont l'habitude, sa mère et elle, lorsqu'elles viennent en visite, au moins une fois par an. Maintenant qu'elle est venue seule, elle voit tout d'un œil neuf. Elle remarque distinctement cette façon assez hautaine de parler l'allemand dans laquelle elle reconnaît des intonations maternelles qui lui ont toujours paru exotiques, cette diction hiératique et plus formelle que le viennois rond et chantant que sa mère a toujours jugé vulgaire. Hambourg, la Venise du Nord, en impose, avec ses canaux interminables, ses immeubles en brique rouge, ses commerces raffinés. Vienne, en comparaison, a des allures de bourgade provinciale.

Quelques jours après son arrivée, Sophie est invitée par deux cousins de son âge à un bal costumé. Pour une Viennoise, le déguisement est vite trouvé : ce sera un *Dirndl*, le costume traditionnel autrichien, qui se compose d'un corsage blanc aux manches bouffantes et d'une jupe ample, généralement rouge ou verte, rehaussée d'un tablier de la même couleur mais d'un ton plus clair. On peut y ajouter un gilet ou un châle, mais nous sommes en juillet, elle gardera les bras nus.

À l'entrée, elle abandonne rapidement les cousins, accaparés par des connaissances dont la conversation l'ennuie. Elle traverse une enfilade de pièces et débouche sur un double salon à la fenêtre en forme de bow-window qui donne sur l'Alster, la rivière qui traverse la ville. Ce qui a guidé ses pas jusqu'à cette vue imprenable, ce n'est pas tant la musique qu'une odeur âcre qui lui est familière : celle des cigares préférés de son père. Ce soir, celui qui les fume est un homme brun d'une trentaine d'années au regard pénétrant, à la barbe bien taillée, portant avec élégance le costume brodé d'un gentilhomme du dix-huitième siècle qu'il a choisi pour déguisement : culotte et lourd gilet de satin au-dessus d'une chemise blanche à jabot, avec en guise de couvre-chef un grand feutre noir agrémenté d'une plume blanche.

De son côté, il n'a pas manqué l'irruption de cette jeune beauté pulpeuse qui parcourt la salle du regard avec curiosité. Il se dirige vers elle, abandonnant son cigare au passage, et s'incline alors que l'orchestre attaque une nouvelle valse. Cela tombe bien : danser, c'est ce que Sophie préfère. Elle est une excellente partenaire, souple et gracieuse.

Lorsqu'ils finissent par s'interrompre pour prendre un rafraîchissement, alors qu'il s'apprête à la complimenter sur son sens du tempo, une façon comme une autre d'entamer la conversation, c'est elle qui prend la parole : « Par quel hasard connaissez-vous ces trabucos que mon père consomme du matin au soir ? C'est une odeur qui me ramène chez moi, à Vienne.

– C'est le professeur Freud qui me les a fait découvrir. J'ai eu la chance de le rencontrer il y a trois ans. Il était de passage à Hambourg, il avait besoin d'un portrait officiel et quelqu'un lui a parlé de mon atelier. Je suis photographe. »

Sophie soupire intérieurement. Bien fait pour elle. Encore quelqu'un qui va passer la soirée à lui parler de son père.

Ses cousins lui font signe et les rejoignent au buffet. « Max ! Vous avez déjà fait connaissance ? Sophie, tu sais que Max Halberstadt est un parent très éloigné, par alliance, du côté de ta mère ? »

Max les regarde mais ne s'adresse qu'à elle : « Oui, quelque part dans l'arbre généalogique, nous avons un ancêtre commun, un rabbin, je crois, M. Carlsbach. Et vous êtes donc Sophie… ? » Elle écarte les bras, d'un air faussement contrit. « Freud. La fille de l'homme aux trabucos. » Max sourit. « La notoriété du professeur ne pèse pas sur vos épaules. Vous êtes légère comme une plume. » Il se tourne vers les cousins. « Vous permettez ? » Et Max l'entraîne à nouveau sur la piste.

Ils passent le reste de la soirée à danser et à faire connaissance. Il ne l'abreuve pas de ces compliments redondants qu'il sied d'offrir à une jeune fille respectable. Il lui parle comme à un ami sincère. Il l'interroge sur ses goûts, ses désirs, ses ambitions. Il lui raconte les villes d'Europe qu'il a déjà prises en photo et toutes les autres où il rêve d'aller. Il lui explique combien il aime photographier des paysages embrumés, qui sont à la fois les plus beaux et ceux auxquels il est le plus difficile de rendre justice. Il décrit la dissymétrie naturelle des visages, évoque la grâce naturelle des très jeunes enfants dont les photographies ornent son studio qu'il serait honoré de lui faire visiter. Il ne lui parle pas de son père. Elle le trouve intense, habité, original. C'est la première fois qu'elle discute avec un artiste. Il viendra la chercher le lendemain et tous les autres jours.

Le 5 juillet, à peine rentrée à Vienne, Sophie annonce à ses parents qu'elle s'est fiancée à un homme de onze ans son aîné, photographe de profession, auprès duquel elle compte vivre, à Hambourg, dès que leur mariage sera célébré et qu'elle sera devenue Mme Sophie Halberstadt.

C'est ainsi que j'aime imaginer leur rencontre, dont une photo de Max, déguisé en costume de satin avec une plume blanche sur son chapeau noir, est un bon indice. La plus jolie des trois sœurs Freud s'est fiancée en deux mois à peine avec un homme talentueux, beau et romantique, au nez fin, au regard doux. Si la photographie est le reflet de l'âme, alors Sophie va épouser un homme dont le métier n'est pas si éloigné de la psychanalyse.

J'ai quelques points communs avec Max Halberstadt.

D'abord, détail amusant, au-delà du nom, nous partageons les mêmes initiales.

Max Halberstadt m'est proche pour une autre raison. Il rassemble mes deux origines : il porte le nom de mon père et il a, comme lui, épousé une Viennoise.

Et puis il y a cette mention dans sa très brève biographie trouvée sur Internet : « Né à Hambourg le 14 mai 1882. Mort à Johannesbourg le 30 décembre 1940. »

Johannesbourg ? Qu'était-il allé faire là-bas ? Cette question à laquelle j'ai dû si souvent répondre après mes propres voyages en Afrique du Sud au milieu des années soixante-dix, alors que le pays était encore en plein apartheid, c'est moi cette fois qui la posais.

Max Halberstadt était spécialisé dans les portraits. Les photos les plus connues de Freud ont été faites par lui. Curieusement, dans les livres que je consulte, il n'est que très rarement crédité. Parfois, ces photos sont signées

Freud. Un fonds, sans doute, chargé de gérer l'iconographie du grand homme ? Tout de même, en tant que gendre portraitiste, pourquoi est-il aujourd'hui ignoré, voire inconnu ?

Je ne sais quasiment rien de la vie de Max avant sa rencontre avec Sophie. Sa mère se prénomme Mathilde. Son père, maître boucher, décède alors que Max n'a que trois ans. Il a une grande sœur, Rachel, et deux frères aînés, Siegfried et Rudolf. Il rêve d'être photographe et s'y emploie après avoir passé son *Abitur*, l'équivalent allemand du baccalauréat. Après quelques années d'apprentissage, il part travailler dans des ateliers à Francfort-sur-le-Main, Leipzig, Munich, Bâle. Il passe par l'Italie. Il s'est même rendu à Paris. J'espère qu'il habitait une chambre sous les toits, avec une vue imprenable sur la Seine et ses péniches qui devaient lui rappeler les canaux de sa ville natale. Hélas, si ce séjour semble avéré, aucune photographie n'en atteste. J'ignore s'il y a passé tout l'hiver ou seulement une partie du printemps.

Deux ans plus tard, il est de retour à Hambourg et ouvre un atelier très modeste au 1 Bleichenbrücke. Historiquement, Max s'établit au bon moment, celui où le style Sécession, la version autrichienne de l'Art nouveau, trouve des répercussions dans les arts appliqués et décoratifs. C'est l'époque où émerge le graphisme et avec lui la publicité artistique : création d'affiches, annonces dans la presse, imprimés promotionnels, autant de nouvelles activités qui offrent un champ de ressources élargi à un photographe professionnel.

Mais lorsque Max Halberstadt ouvre son petit studio, en juin 1909, c'est pour faire des portraits. Très vite, il développe sa clientèle auprès de la bourgeoisie locale grâce à son talent pour les photos de groupe, qu'il compose à la façon d'une tapisserie. Cela vient peut-être de l'exiguïté de son atelier, de ses possibilités réduites d'éclairage. Toujours est-il que son travail plaît. Il ajoute rapidement à sa spécialité les clichés d'enfants, qu'il photographie, comme c'est alors la mode, dans leur plus simple appareil, des chérubins dodus qu'il place dans le halo d'une lumière douce.

C'est sans doute ce bouche à oreille favorable qui conduit Freud, au retour d'un voyage aux États-Unis où il a donné des conférences à l'université Clark du Massachusetts, à pousser la porte de son futur gendre, le 30 septembre 1909, afin de se faire prendre en photo.

Le vent est frais, ce matin-là, et lorsque Freud pénètre dans le studio, il est de mauvaise humeur. À cause du décalage horaire il s'est réveillé trop tôt, il s'est promené plus de deux heures et il n'a qu'une envie : fumer un cigare et se reposer. Cette séance photo est une mauvaise idée, d'ailleurs ce n'est pas la sienne. Martha, son épouse, a insisté. Lui déteste qu'on le photographie. Ce n'est pas de la coquetterie. Il ne se reconnaît jamais sur les clichés qui sont pris de lui.

Max aussi s'est levé de bonne heure. Lorsqu'il a ouvert les fenêtres de son atelier, les cloches de l'hôtel de ville sonnaient huit heures. Il voulait avoir le temps de réfléchir. Allait-il utiliser un fond noir ou gris ? Allait-il se concentrer sur le visage ou prendre la photo de pied ? Peut-être Freud préférerait-il être assis ?

Une heure plus tard, après avoir envisagé toutes les options sans se décider sur aucune, Max comprend que l'inspiration lui viendra quand il sera face à son modèle et qu'en l'attendant, la meilleure chose qu'il puisse faire est de préparer du café.

Lorsque le carillon de la porte retentit, Max avance vers Freud qui lui tend la main. « Quelle joie ! J'ai senti une odeur de café fraîchement moulu dans l'escalier et j'espérais qu'elle venait de chez vous ! » La poignée de main est chaleureuse. Max lui prend son chapeau, son imperméable et lui désigne l'unique table de la pièce, une sorte de guéridon demi-lune qu'il a déployé en grand pour l'occasion. Il a déjà disposé deux tasses de porcelaine blanche, du lait froid et une assiette de pâtisseries fourrées au massepain.

Freud, d'un coup d'œil, fait le tour du propriétaire. Il regarde quelques photos accrochées au mur, puis se saisit d'un cadre en argent posé sur un meuble. « Vous avez pris cette photo de Notre-Dame ? Vous connaissez Paris, alors ? J'y ai étudié quelques mois, j'ai aimé chaque instant de mon séjour. » Le café est servi et le professeur s'assied, étirant ses jambes avec un plaisir évident. « Je vous félicite, cet atelier est petit mais très accueillant. D'habitude, les studios des photographes sont aussi impersonnels que la salle d'attente d'un hôpital. » Max sourit. Cela en dit long sur la façon dont son visiteur appréhende la séance.

Freud boit une gorgée, puis se penche vers lui. « Je vous explique mon cas. Je ne suis pas d'un naturel très souriant. Si je me force pour la photo, alors j'ai l'air extrêmement stupide. » Max hausse les sourcils mais il ne lui laisse pas le temps de réagir. « Vous-même, quand on vous prend en photo, vous êtes à l'aise ? »

Max hésite à répondre. Il est assis en face de Freud et le regarde. « Vous savez, vous et moi portons la barbe, ce qui est assez révélateur de nos personnalités. Cela signifie que nous sommes d'un naturel timide, que nous manquons d'assurance, d'où cette barbe qui nous aide à avoir du caractère, en permettant de ne pas trop exposer le bas de notre visage. En même temps, elle nous rend plus expressifs en renforçant l'importance de nos yeux. »

Freud reste coi un instant, puis éclate de rire. « Vous avez raison ! J'ai toujours pensé que la barbe allait de soi, mais sa raison d'être correspond à ce que vous décrivez. On se laisse pousser la barbe quand on est un jeune boutonneux, mais ensuite, on se sentirait nu si on la rasait. » Il sort un cigare de sa poche et en propose un à Max, qui le pose près de sa soucoupe. « Je le fumerai après, une fois que vous serez satisfait de cette séance. »

Le professeur se lève aussitôt. « Alors… finissons-en. Où voulez-vous que je me mette ? »

Max l'observe. Il est debout, les mains sur le dossier de la chaise qu'il occupait quelques secondes plus tôt. Derrière lui, le mur gris foncé se marie bien avec son costume gris clair.

« Ne bougez pas ! » Max a attrapé son appareil. Il le pose sur le trépied, il allume la lampe à sa droite. Freud le regarde s'affairer, il esquisse un sourire, à la fois amusé et dubitatif. Max va tellement vite que Freud, occupé à le suivre du regard, n'a pas eu le temps de prendre la pose. « J'ai ce qu'il me faut », dit Max. Il se rassied et s'empare du cigare qui l'attend sur la table.

Freud est médusé. « Attendez... Vous êtes sûr ? Parce que si vous êtes déçu du résultat, demain, je serai déjà reparti à Vienne. » Max hoche la tête. Il sait que la photo est intéressante. « Cette fois, je vous promets que vous vous reconnaîtrez. »

Freud se sent gêné, soudain. Max comprend ce malaise. Il vient de lui voler un moment d'intimité. Ils se dirigent vers la porte. Lorsque le professeur met la main à la poche et en sort son portefeuille, Max proteste énergiquement : « Vous n'avez pas eu l'impression de poser, ni moi de travailler. »

De l'intérieur de son veston, Freud extirpe une poignée de cigares qu'il lui tend. « Alors je vous laisse ma ration de la journée. Allez-y doucement, ils sont un peu forts et je n'aimerais pas que cela empeste votre accueillant studio. Ma femme se plaint assez de la façon dont ils ont imprégné les murs de mon bureau. »

Cette fois, c'est des deux mains qu'il serre celle de Max, qui s'incline. « Ce fut un honneur. »

Le 1er octobre, enchanté du résultat, Freud lui écrit pour commander des tirages : « Monsieur, je sais que je suis un objet défavorable à toute reproduction. Parmi les échantillons joints, j'ai sélectionné le E pour en commander une douzaine. Si le E devait se présenter dans son exécution définitive sous un jour encore plus favorable, il nous en faudra sans doute un plus grand nombre.

Avec d'aimables salutations de la part de ma femme et de moi-même, votre dévoué Freud. »

Sur ladite photo, qui deviendra son premier cliché officiel, Freud se tient donc debout, devant un fond gris sombre. Le cliché est pris à hauteur de buste. Il est très légèrement penché en avant, ayant croisé les avant-bras sur le dossier de la chaise en bois courbé placée devant lui. Il a une chevalière à l'annulaire droit, un cigare entre les doigts de la main gauche. Il est vêtu d'un costume gris clair dont seule la veste est visible, sous laquelle on aperçoit un gilet boutonné, d'un gris qui semble plus foncé. Le col rigide de sa chemise blanche est suffisamment lâche pour ne pas lui entraver le cou. Comme il en a l'habitude, car cela revient sur de nombreuses photos de lui, il porte son nœud papillon noir d'une étrange façon, aplati, les deux pans glissés sous les pointes du col de sa chemise, de sorte que le nœud seul est apparent, comme un trait noir venant souligner la blancheur du col. La lumière éclaire la gauche de son visage, du côté de sa raie, bien tracée dans des cheveux dont l'implantation a reculé avec l'âge, dénudant largement sa tempe la mieux éclairée. Les cheveux sont encore noirs, mais la barbe et la moustache sont presque uniformément blanches. Le nez est droit, un peu busqué. Les sourcils, bien marqués et situés assez bas, très près de l'arête du nez, sont à peine froncés, soulignant une forte ride du lion. Le regard est intense, l'expression chaleureuse, sans se départir d'une certaine réserve. Il se dégage de cet homme au charisme indéniable une réelle sollicitude.

Sur ce cliché, Freud a cinquante-trois ans. Il a déjà théorisé le complexe d'Œdipe, inventé le concept de transfert, publié, entre autres, *L'Interprétation du rêve* et *Trois essais sur la théorie sexuelle*, présidé, un an plus tôt, le premier congrès international de psychanalyse réunissant quarante-deux membres venant de six nations. Il est reconnu comme l'inventeur d'une nouvelle science. En 1909, lorsqu'il pose pour Max Halberstadt, Freud est célèbre.

La notoriété de son modèle a sans doute accéléré le succès du jeune photographe.

Trois ans plus tard, quelques semaines à peine avant de rencontrer Sophie, Max a déménagé. Il s'est installé au 54 Neuer Wall, quasiment au coin de la rue de sa précédente adresse. Il est dans un immeuble moderne où il occupe « une enfilade de pièces chaleureuses ».

C'est ainsi qu'elles sont décrites dans le cahier spécial que la revue allemande *Photofreund* consacre au travail de Max Halberstadt le 13 novembre 1920. Un magazine qui se définit en couverture comme « une revue bimensuelle pour les amis de la photographie ».

J'ai trouvé son existence et cet extrait sur Internet, mais l'ensemble de ces archives ne sont pas accessibles. On ne peut ni les consulter ni les acheter.

Heureusement, quelques pages Google plus loin, une référence renvoie à un recueil écrit en allemand, consacré à quatre photographes juifs réputés ayant travaillé à Hambourg entre les deux guerres. Parmi eux figure Max

Halberstadt. Je commande aussitôt l'ouvrage, qui me parvient après quarante-huit heures.

Je retourne fébrilement le paquet, je le remue, je le soupèse, j'attends un peu avant de l'ouvrir. Cela participe à la séduction de ces boîtes générées par les commandes en ligne. J'adore cet instant où elles sont encore closes, posées devant moi. Je me sens comme une petite fille de carte postale cherchant son paquet sous le sapin. Sans doute parce que je n'ai pas été élevée dans cette tradition. Je n'ai jamais ressenti cette fébrilité joyeuse que j'ai tellement aimé lire sur le visage de mes enfants les matins de Noël. Mon petit rituel devant chacun de ces paquets commandés est absurde, j'en ai conscience, puisqu'il ne s'agit ni d'un cadeau ni d'une surprise. Mais je l'apprécie pour ce qu'il est : un présent de moi à moi, activé par la baguette magique de mon époque, la carte de crédit, une tirelire dématérialisée qui permet la concrétisation de mon impatience, chèrement monnayée auprès du plus grand supermarché du monde. J'ai frotté sa lampe, activé mon code et abracadabra : ma commande est là, devant moi.

Le livre m'a été expédié depuis Montfort, USA. La coïncidence me fascine. La ville la plus proche de la maison où j'écris ces lignes s'intitule et s'orthographie de la même manière que celle d'où m'est parvenu cet ouvrage. À y regarder de plus près, je découvre un tampon apposé sur la page de garde : cet exemplaire provient d'une bibliothèque située à Montfort. Est-ce une grande ville ? S'agit-il d'une petite association locale ou au contraire d'un lieu bien achalandé qui fait la fierté de son État ? Ce livre – ou plus exactement mon livre, car si délit il y a eu, j'en suis la commanditaire – a-t-il été volé suite à ma recherche ? Et dans quelles circonstances ? J'échafaude toutes sortes d'hypothèses. J'imagine un gardien âgé, amer, célibataire, ayant les livres en horreur, vidant subrepticement la bibliothèque qu'il est supposé surveiller afin d'arrondir ses fins de mois. Ou au contraire une femme très jeune, condamnée à dépouiller la bibliothèque dont elle a la charge, pour parvenir à payer le loyer ou bien les études de sa fille à l'aide de ces quelques larcins effectués dans l'anonymat d'un géant du Net.

Je m'invente ces fables parce que tout cela me fait un peu honte. La bibliothèque de mon enfance était gratuite. C'était un des rares endroits où j'ai eu, très tôt, le droit de me rendre seule, à pied. J'y ai fait des découvertes éblouissantes. J'y ai mélangé les genres, affiné mes goûts, lu trop tôt des livres qui n'étaient pas de mon âge et dont ensuite j'entendais les adultes parler en me mordant les lèvres pour ne pas me trahir. Je conserve aux bibliothèques une fervente reconnaissance. J'y donne des livres, j'y fais des rencontres, je signe toutes les pétitions afin d'en préserver la gratuité, d'en étendre les jours et les heures d'ouverture. Une bibliothèque est une terre d'accueil qui ne nécessite aucun passeport, une ambassade dont le visa permet d'entreprendre ce voyage immobile et inépuisable qu'est la lecture.

Le livre dont je me résous à accepter le vol potentiel s'avère épais et abondamment illustré. Il est écrit par un certain Wilfried Weinke. Environ une dizaine de pages sont consacrées à Max. Mon allemand est trop fragmentaire pour que j'improvise une traduction. Je prends contact par l'intermédiaire de mon fils avec un jeune universitaire de ses amis, germanophile et ravi de cette occasion de gagner un peu d'argent. Quelques semaines plus tard, ses pages me parviennent dans une pochette de papier rouge que j'ouvre avec excitation. J'y apprends quelques éléments de la biographie de Max : son apprentissage, son voyage en Europe, son installation dans un premier atelier, puis un second. Et j'y trouve en totalité l'article de *Photofreund* qui décrit son atelier : « Une enfilade de pièces chaleureuses dont la douce lumière tamisée et les couleurs paisibles donnent un sentiment d'intimité. De beaux meubles fonctionnels, aucun luxe, mais un goût raffiné et cultivé. On sent que chaque objet a été choisi avec plaisir, avec amour, du coffret en vieil acajou rouge vif de la pièce de style Biedermeier au cendrier sans prétention du bureau. Aux murs, des portraits pleins de vie et de chaleur, réalisés par le maître des lieux : une maison d'artiste. C'est au cœur même de la métropole trépidante, dans le quartier Neuer Wall à Hambourg, dans un grand immeuble de bureaux où va et vient un flot ininterrompu d'hommes pressés, que se trouve l'atelier du célèbre photographe d'art Max Halberstadt. Il est rare qu'un lieu de travail reflète autant la personnalité de son occupant que l'atelier de notre portraitiste hambourgeois. L'air d'évidente simplicité qui émane de l'homme comme de l'environnement qu'il s'est créé avec goût captive d'emblée le visiteur. On s'y sent vite à l'aise, on y déambule librement, l'endroit bientôt nous semble familier. C'est précisément là ce que recherche Max Halberstadt. Dans ses photographies, il veut représenter les gens tels qu'ils sont, tels que les connaissent leurs proches parents et leurs amis, sans apprêt artificiel ni pose qui leur serait étrangère. Cela s'appuie évidemment sur une parfaite maîtrise des techniques photographiques, mais la technique à elle seule ne saurait faire une œuvre d'art, qu'il s'agisse de photographie, de peinture ou de musique. Aussi le voit-on : il ne peut y avoir en photographie de réalisation remarquable, d'œuvre de premier plan que lorsqu'une personnalité douée de sens artistique parvient à mettre au service de son projet la technique qu'elle maîtrise pleinement. Et peu de photographes l'ont aussi bien compris que Max Halberstadt, dont l'atelier figure parmi les établissements à l'avant-garde de cette discipline à Hambourg. »

J'ai enfin une évocation de Max. Certes, le papier est lénifiant, hagiographique. Qu'importe : l'homme qu'il décrit semble humble, sympathique. La première impression est positive.

Je lis dans une des notes de bas de page que l'auteur, Wilfried Weinke, a consacré une exposition au travail de quatre photographes, Emil Bieber, Max Halberstadt, Erich Kastan et Kurt Schallenberg, en 1999. Le livre que j'ai entre les mains en est le résultat. Ce portrait de quatre mousquetaires de l'image dont le nazisme a détruit les carrières s'intitule : *Refoulés, exclus, mais pas oubliés.*

Wilfried Weinke est vivant, il a publié trois autres livres, il habite à Hambourg.

En 1912, si j'en crois cette revue *Photofreund* qui m'est devenue précieuse, Max Halberstadt est un jeune artiste en plein essor, dans une profession qui ne cesse de se développer. Cela suffit-il pour en faire un parti acceptable aux yeux de son illustre beau-père ?

La réponse se trouve dans leurs correspondances.

Deux jours après le retour de Sophie à Vienne, le 7 juillet 1912, Freud écrit pour la première fois à son futur gendre. Une lettre qui témoigne d'une certaine ouverture d'esprit, avec une pointe d'autodérision : « Monsieur, ma petite Sophie est revenue rayonnante et résolue et nous a fait cette communication surprenante qu'elle s'était fiancée à vous. Nous avons compris que nous étions par là déclarés – en un certain sens – superflus et que nous n'avions rien d'autre à faire que dispenser la formalité de notre bénédiction. Étant donné que nous n'avons jamais eu d'autre souhait que celui que nos filles se donnent selon leur libre inclination, comme l'a fait du reste notre aînée, nous ne pouvons au fond qu'être très contents de cet événement. Cependant nous sommes des parents, affligés de toutes les infatuations de notre position, nous nous sentons tenus de faire valoir notre importance ; et c'est pourquoi nous voulons avoir aussi nous-mêmes sous les yeux le jeune homme énergique dont la détermination a déteint sur notre enfant, avant de dire avec émotion oui et amen. C'est un bon point que vous ne nous étiez pas inconnu auparavant. J'ai rapporté d'une visite dans votre atelier une impression de vous qui ne peut être que fugitive, mais n'en n'est pas moins hautement sympathique ; mais les deux mères – ma femme et ma belle-sœur – vous connaissent vous-même, ainsi que votre mère, vos proches et, comme elles le disent, elles vous ont toujours rangé dans le cercle rapproché de notre parentèle. De ce côté aussi, tous les sentiments affluent vers vous. Selon toute vraisemblance, me dit-on, notre fille, qui sort à peine de la prime adolescence, va atterrir dans un nid bien chaud au côté d'un homme sérieux, aimant, lucide et intelligent. S'il en est ainsi, en tant que parents, nous ne faisons, n'est-ce pas, que notre devoir en approuvant son inclination. À présent, cela devient un devoir pour moi que de faire plus amplement votre connaissance. »

Max va rencontrer ses beaux-parents le 17 juillet à Karlsbad. Dans cette ville allemande qui aujourd'hui fait partie de la République tchèque et se nomme Karlovy Vary, les Freud ont coutume de suivre chaque année une cure spécialisée dans le soin des maladies des voies digestives. Le traitement consiste à boire à l'une des treize sources thermales et à se prélasser dans des bains d'eau tiède. Arrivés quelques jours plus tôt, les Freud séjournent dans un hôtel où ils ont leurs habitudes, le *Goldener Schlüssel* (la Clé d'or), situé non loin des colonnades des thermes, où Max a réservé pour une nuit. Les soins ayant lieu le matin, on est convenu de se retrouver pour le déjeuner dans la salle à manger de l'établissement, une pièce carrée et lumineuse, décorée dans un bleu très pâle qui met en valeur le trésor local : une collection en porcelaine bleu cobalt, fabriquée sur place, dont divers spécimens ornent la salle.

Lorsqu'il présente Max à son épouse, Freud donne le ton de ce que seront leurs rapports : « Vois-tu, ce jeune homme élégant que je n'ai rencontré qu'une fois est un psychologue déguisé en dandy. Tu aurais vu comment il a rusé pour me prendre en photo ! » Martha sourit à Max et lui tend la main. « Je ne sais pas comment vous avez procédé mais je vous félicite : c'est la première photo de mon mari que je trouve digne de lui. Elle lui ressemble, de l'intérieur. » Max acquiesce en rougissant. « Merci. C'est assez simple, vous savez, la photographie. Il suffit de s'intéresser réellement à son modèle, d'essayer de deviner la personne sous son enveloppe extérieure. Il y a ce qu'on veut bien montrer de soi aux autres, et ce qu'on est profondément. »

Le temps de s'asseoir à la table ronde qu'on leur a réservée près d'une baie vitrée donnant sur la rivière

Tepla, Freud se penche vers lui. « Qu'est-ce que ma Sopherle cache en elle qui vous a séduit ? » Max le regarde avec gravité. « Sophie est une exception à cette règle. On peut tout lire sur son visage. La gaieté, la mélancolie, l'exaltation, la tendresse. Et, surtout, l'intérêt qu'elle porte aux autres. Sa curiosité est toujours sincère. »

Freud, ému, boit un verre d'eau. « Alors, j'ai hâte de découvrir les photos que vous prendrez d'elle. » Max sourit timidement. « J'en ai déjà fait quelques-unes. »

Le 20 juillet, Freud écrit à Sophie : « Max s'est comporté, même s'il fut encore un peu farouche, de manière très aimable et captivante. »

Il est plus disert sur cette visite lorsqu'il la décrit le 24 août à sa fille aînée, Mathilde : « Nous nous sommes vite convaincus qu'il n'y a pas grand-chose à faire, également que point n'est besoin de faire quelque chose contre. C'est manifestement une personne tout à fait fiable, sérieuse, tendre, raffinée, fine sans être faible, et tout plaide en faveur du fait que nous pourrions voir une deuxième fois réalisée parmi nos enfants cette rareté qu'est un mariage heureux. Il est en vérité de la même espèce que Robert, ton mari, foncièrement le même type d'homme, poursuivant dans la vie des buts tout à fait semblables. Sophie est très amoureuse de lui, et alors qui sait ce qu'il advient d'une enfant quand elle se transforme en femme. »

Freud a bien conscience qu'il ne peut pas se montrer trop exigeant, sachant le peu de biens que Sophie apporte dans le mariage. Max est certes de sept ans plus âgé que le précédent prétendant de Sophie, Hans Lampl, mais au moins a-t-il une situation, que Freud décrit à Mathilde comme étant « bourgeoisement correcte ». Il lui précise sa pensée dans une lettre du 2 août : « Un beau-père qui ne peut dire : "Je dote ma fille de tant" ne peut demander non plus : "Combien avez-vous au juste, jeune homme, par an, à vous mettre sous la dent ?" Il suffit qu'à la question de savoir ce qu'il attendait de son côté à elle, il ait répondu : "Rien du tout", il ne comptait pas là-dessus. Étant donné ce qu'il manifeste de son être par ailleurs, il était entendu par là qu'il pense avoir assez pour deux. J'imagine que Sophie ne consommera pas la totalité de ses 20 000 K [couronnes austro-hongroises] pour son trousseau. »

Pendant ce temps, Max écrit souvent à Freud, comme celui-ci le précise à Mathilde le 27 juillet : « Max nous écrit maintenant de manière répétée et se dégèle rapidement. »

Freud répond à Max avec la même fréquence. Après le « Monsieur » qui ouvrait sa missive du 7 juillet, il commence sa nouvelle lettre, le 24 juillet, par « Mon cher beau-fils » et poursuit ainsi : « Vous avez raison de vous attendre à ce que notre intérêt commun de savoir la petite Sophie heureuse aura tôt fait de tous nous rapprocher. Mais, même en dehors de cela, vous découvrirez bientôt que nous deux pouvons donner un succédané de parents tout à fait utilisable, et que nous pouvons nous prendre d'affection pour vous-même. Lors de notre première rencontre, nous étions naturellement tous un peu inhibés. Mais quand nous nous retrouverons, ces stades liminaires seront surmontés. »

Freud évoque avec humour la curiosité que son futur gendre provoque, maintenant que les fiançailles ont été annoncées dans la presse locale : « La conséquence en a été qu'au moins deux personnes ont trahi leur intention perfide que vous fassiez leur portrait, afin de faire votre connaissance à cette occasion. Je ne suis pas censé vous dire qui. Soyez donc circonspect ! Votre cordialement dévoué vieux futur beau-père Freud. »

Le 27 juillet, le futur gendre est devenu « Cher Max ». Le 12 août, dans un autre courrier, Freud prend le taureau par les cornes et décide qu'il est temps de passer au tutoiement : « Nous espérons te voir dans peu de jours au milieu de nous comme fiancé déclaré de notre petite Sophie et, tant devant elle que devant les étrangers, nous ne pouvons nous donner le ridicule de nous adresser encore à toi avec un "vous", comme on le fait pour un étranger distingué. Nous espérons que tu te feras aussi facilement à cette nouvelle relation. » Il termine par ces mots : « À la joie de te revoir » et signe : « Ton beau-père Freud. »

Je ne sais pas si je crois au hasard, mais il y a parfois de jolies coïncidences. Celle par exemple qui conduit ma sœur à allumer la radio au moment où le romancier Stéphane Carlier prononce le titre de son dernier livre, *Le Chien de Madame Halberstadt.* Dans ce roman délicieux, un homme malchanceux voit sa vie bouleversée par le chien de sa voisine. Mme Halberstadt, qui souffre de la cataracte, est une sorte de Zizi Jeanmaire des faubourgs, un vrai titi parisien. Rien à voir avec ma famille, même si l'auteur, que je contacte aussitôt, m'écrit : « Je voulais accoler au mot "chien", très simple, très court, un nom qui soit son contraire. Dans un premier temps, je vivais alors à Lisbonne, le livre s'appelait "Le Chien de Madame Pereira", j'aimais bien aussi, jusqu'à ce que Halberstadt me traverse l'esprit : j'avais mon titre ! Je connais votre travail. Votre nom de famille sommeillait dans un recoin de ma mémoire. Je m'en suis servi comme on attrape une pomme au marché, sans penser à vous, du moins pas consciemment. »

Autre coïncidence, je rencontre le producteur d'un film asiatique dont j'apprécie le scénario. À la fin du rendez-vous, mon interlocuteur, un quarantenaire barbu et sympathique, me lance : « C'est amusant, j'ai un oncle qui s'appelle Halberstadt et ça s'écrit comme vous. » Je demande aussitôt son contact et lui adresse un mail. Nous convenons d'aller déjeuner du côté du boulevard Montparnasse. Il viendra avec sa sœur.

Ils sont arrivés avant moi et je l'identifie tout de suite. Il est grand, mince, élégant dans une chemise bleue comme ses yeux, il porte de fines lunettes derrière lesquelles le regard est aussi doux que celui de mon père. Emmanuel Halberstadt est mathématicien, il a longtemps enseigné à Censier. Il est réputé pour avoir trouvé le secret du Rubik's Cube. Il me raconte que, dans une boutique où il va souvent à l'époque, il voit pour la première fois ce cube multicolore. Il joue avec, le manipule, amusé, sous l'œil effaré du vendeur. « T'as intérêt à me le remettre comme il était ! » Ce sera fait, trois heures plus tard. Sa réputation est lancée. Il publiera même un livre, *Réussir le Rubik's Cube*, plus connu que ses nombreux ouvrages universitaires.

En face de lui, sa sœur Tatiana, pétillante, coquette dans un joli pull bleu, est plus bavarde. On sent une complicité, une tendresse amusée entre eux. Elle a longtemps été médecin du spectacle. Son frère dit qu'elle est une « vraie Parisienne », folle de théâtre et de cinéma. Elle me raconte qu'en juillet 1942, alors qu'elle a cinq mois, sa mère et elle sont raflées. Au Vél d'Hiv, un policier avise cette jeune femme avec un bébé blotti dans les bras. D'un geste du menton il lui désigne une porte. « Les toilettes sont par là, madame. » Son regard est insistant. La mère hoche la tête et pousse la porte. Cet homme leur a sauvé la vie. Quant à leur père, il a sauté de l'impériale de l'autobus qui roulait vers le vélodrome. Heureusement pour lui, les policiers français n'étaient pas armés.

Se sont-ils jamais intéressés à leur nom de famille ? Emmanuel ne sait plus très bien pourquoi il possède chez lui un tableau représentant le comté de Halberstadt. Quant à Tatiana, un mormon est venu un jour sonner à sa porte pour lui vendre un livret pompeusement intitulé *Le Livre des Halberstadt du monde entier*. Les mormons sont connus pour scanner des états civils un peu partout dans le monde. Le fascicule en question dresse donc la liste des Halberstadt recensés, essentiellement en Amérique et en Allemagne, mais aussi en France. L'ouvrage, imprimé aux États-Unis, n'est pas daté. Mais il a consigné la bonne adresse de Tatiana, celles de son frère et de mon père.

J'ai devant moi des Halberstadt d'origine russe. Leur famille s'est enfuie d'Odessa en 1903. Leur père, Vitaly, champion d'échecs, fut un problémiste et compositeur d'études de fins de partie très reconnu. Mais il refusa que son fils partage sa passion. « Ça te bouffera la tête, comme à moi. » Ami de Marcel Duchamp, il publia avec lui un essai au titre surréaliste : *L'opposition et les cases conju-*

guées sont réconciliées, dont un essayiste affirma qu'il s'agissait d'« un intrigant livre d'échecs pour artistes et d'un exceptionnel livre d'artiste pour joueurs d'échecs ».

Mon père se serait certainement senti des affinités avec Emmanuel Halberstadt. Comme lui, il adorait les chiffres et se désolait que j'y sois hermétique. « Tu envisages les mathématiques comme des problèmes, alors que ce sont des jeux ! »

Je l'ai rarement vu jouer aux échecs, mais les parties de bridge rythmaient sa vie. « C'est un jeu de taiseux, m'avait-il expliqué. Tu peux tout savoir des cartes autour de la table, il suffit d'observer et de se souvenir de ce que fait chacun. »

Écouter, c'était la spécialité de mon père. Il parlait peu, jamais pour ne rien dire. Il avait un petit filet de voix. Quand il prenait la parole, c'était comme un instrument baroque surgissant au milieu d'un orchestre classique, une note discrète mais tellement inattendue qu'elle tranchait sur les autres. Quand je pense à mon père, c'est cela que j'entends : le silence que sa voix créait autour de lui.

Le 26 janvier 1913, Sophie épouse Max dans l'appartement où elle a grandi, au 19 Berggasse à Vienne. Aucune photographie n'a immortalisé l'événement. On peut seulement imaginer Sophie dans une robe de soie blanche à col rond, resserrée à la taille, avec des manches bouffantes comme elle les affectionne. Sa sœur Mathilde l'a aidée à faire son chignon, comme elle en avait l'habitude lorsque, plus jeunes, elles partageaient la même chambre. Elle a laissé à sa mère le soin d'y fixer le voile avec quelques épingles de perle blanche, celles-là mêmes qu'elle portait à son propre mariage. Martha a veillé à ce que sa fille porte, selon la tradition, « quelque chose de neuf, quelque chose de vieux, quelque chose d'emprunté, quelque chose de bleu ». Les épingles sont à la fois anciennes et empruntées à Martha. La robe est neuve, avec autour des manches un liseré bleu pâle. Martha vient d'en refermer les attaches dans son dos. Les chaussures blanches sont un cadeau de Minna, sa tante, qui peine à refermer la boucle enserrant les chevilles, tellement

Sophie est impatiente. « Fais vite, ils arrivent ! » Minna, impassible, prend son temps. « Aujourd'hui, tu as le droit de les faire patienter. » Sophie attrape un flacon, se parfume derrière les oreilles et les poignets. Cette fois, elle est prête. « Vous m'attendez dehors ? Juste un instant. »

Lorsque enfin elle se retrouve seule, Sophie s'immobilise. Pensive, elle observe la penderie entrouverte, les rideaux en velours marron avec leur passementerie qu'elle a brodée avec sa mère, tout comme le dessus-de-lit crème. Elle passe la main sur son bureau en bois clair sur lequel elle a gravé des inscriptions secrètes, compréhensibles par elle seule. Elle ferme les yeux. Chaque rainure du bois abrite un état d'âme. La colère, l'exaltation, l'inquiétude, le chagrin, la fébrilité. Elle n'a rien oublié. C'est vertigineux d'avoir tant rêvé de l'avenir et d'être au seuil de sa nouvelle vie. Elle en pleurerait presque. Elle inspire profondément, rouvre les yeux. « Au revoir, ma chambre. » Elle avance d'un pas décidé, sort et referme doucement la porte.

Les Freud sont quasiment au complet pour entourer Sophie. Seule Anna manque à l'appel. En voyage à Merano en Italie, elle n'est pas revenue pour l'occasion, non par indifférence, mais à la demande pressante de son père. Tout à fait conscient de l'inimitié entre les deux sœurs, il a préféré éviter le moindre conflit ce jour-là. Il craignait que le spectacle de la félicité de sa grande sœur ne renvoie douloureusement la cadette à sa propre solitude. Une décision que l'intéressée considéra avec ambivalence : « J'ai tout de même trouvé très curieux que tu m'écrives que je ne doive pas venir à la maison pour le mariage, mais plus tard. Je me réjouis beaucoup en réalité de pouvoir rester ici aussi tranquillement, mais cela me fait aussi beaucoup de peine de ne plus voir Sophie avant qu'elle ne nous quitte. » Quinze jours plus tard, dans une autre lettre, elle précisait : « Ce n'est pas beau de le dire, mais je suis contente que Sophie se marie, notre dispute permanente était tellement épouvantable. Je ne peux pas vraiment comprendre qu'elle épouse Max, elle le connaît tout de même si peu… »

Hans Lampl, l'ami d'enfance, l'amoureux éconduit, assiste à la cérémonie. Sa relation sentimentale avec Sophie ayant été connue de tous à Vienne, il s'agit d'y mettre officiellement un terme définitif. Comme il le racontera dans un entretien paru en 1953 : « Sophie attendait dans le bureau du professeur. Et l'on m'a chargé d'aller la chercher. De cette manière, on a ainsi démontré au monde entier que je ne pouvais qu'être d'accord avec ce mariage. »

La famille Freud n'est absolument pas pratiquante. Martha s'est inclinée devant les positions antireligieuses de Freud et aucun de leurs trois fils n'a été circoncis. Max, comme son beau-père, refuse de pratiquer cette orthodoxie dans laquelle sa mère les a élevés et que ses frères et sœur suivent sans l'avoir jamais remise en question.

C'est pourtant bien un mariage juif qui est célébré dans

la maison de Freud. Un rabbin est présent. Le père conduit sa fille sous la *houppa*, le dais nuptial tendu au-dessus des futurs époux. Ils boivent les deux coupes de vin bénies par le rabbin. Ils chantent les sept bénédictions et signent, ainsi que leurs témoins, la *ketouba*, un parchemin décoré de lettres d'or qu'ils conserveront, comme on le fait d'un livret d'état civil. Max brise un verre du pied droit pour rappeler la destruction du temple d'Israël et tous se réjouissent de constater que les débris de verre sont nombreux, signe que le mariage sera prospère.

Après la cérémonie, il n'y a pas de voyage de noces. Ce serait de l'argent gaspillé. Max veut très vite se remettre au travail. Il ne peut pas se permettre de laisser trop longtemps fermé son atelier au loyer onéreux. Surtout, il entend prouver à son beau-père qu'il peut gagner de quoi faire vivre son couple et, espère-t-il, bientôt une famille. Les jeunes mariés s'installent au 18 Parkallee, dans un appartement ravissant au troisième étage d'une maison bourgeoise du quartier de Harvestehude. Sophie va vivre désormais à Hambourg, ce que salue son père avec humour le 4 février : « Je veux te féliciter à l'occasion du déménagement dans ton Reich », Sophie étant passée de l'Empire autrichien à l'Empire allemand. Toujours lucide et préoccupé par le concret, il enchaîne : « Je te signale en outre que j'ai donné ordre à la banque de procéder au virement sur le compte de Max dans sa banque de ta fortune privée et du reste de ta dot, en tout 8 550 K. Tout cela est encore si nouveau et singulier. Salue Max très cordialement de ma part, et pense encore parfois à ton père. »

Les premières semaines d'adaptation sont un peu chaotiques, à en juger par les lettres qu'échangent le père et sa fille. Sophie a le mal du pays. D'autant qu'elle connaît peu Hambourg. Si elle a aimé y déambuler en touriste, s'y installer est une aventure d'une autre ampleur. Alors elle décide de conquérir la ville à pied. Elle procède par étapes. Chaque matin, après le départ de Max, elle part marcher. Hambourg est faite d'eau et de verdure. Elle peut longer les canaux ou se perdre dans les parcs. Le dimanche, elle retourne montrer à Max ses lieux préférés pour qu'il les immortalise.

Sophie doit aussi endosser le rôle de maîtresse de maison. Un statut forcément moins enviable que celui d'Anna qui lui écrit de Venise, où elle poursuit son voyage. Sophie ne s'y est jamais rendue. Elle n'en connaît que les photos que Max a prises lors de son tour d'Europe. Elles lui permettent de visualiser le cadre des anecdotes qu'Anna partage avec elle. Leur relation est devenue plus harmonieuse, comme en témoignent les propos affectueux d'Anna au sujet de sa sœur dans ses lettres à son père.

En avril, Sophie doit interrompre une grossesse pour des raisons médicales. Les courriers de Freud restent vagues à ce sujet. La pudeur d'un père sans doute ? Il évoque un « incident ». Martha accourt auprès de sa fille et décide de rester un mois sur place pour la réconforter.

Ensemble, elles s'attellent à la décoration de l'appartement que les époux ont loué rapidement, sans avoir pris le temps de l'aménager à leur goût. Elles changent les papiers peints, installent des plantes vertes, un nouveau canapé. Elles arrangent toutes les pièces, mais laissent vide celle prévue pour un enfant. Elles font de longues promenades dans Innocentia Park, situé au bout de la rue, un havre de verdure où il fait si bon marcher après un hiver encore plus rigoureux à Hambourg qu'à Vienne. Régulièrement, elles traversent la ville pour rendre visite à Max dans son studio, où il les prend en photo ensemble.

Dès juillet, Sophie tombe à nouveau enceinte. Cette fois, à part de terribles migraines durant les premiers mois qui inquiètent son père, rien ne vient troubler le bonheur annoncé.

J'évoque au téléphone mes recherches au sujet de Max auprès d'une amie allemande, Caroline, une petite brune énergique qui travaille dans les relations publiques à Munich. Le lendemain, elle m'envoie par mail la photo d'une plaque devant laquelle elle passe tous les matins en allant au bureau. Il est écrit, en lettres bleu ciel sur fond beige : «*Dr Jürgen Halberstadt, Psychotherapeutische Praxis*». Il existe donc aujourd'hui dans le monde un Halberstadt psychanalyste ? Je prends ce clin d'œil du hasard pour un signe encourageant.

Caroline me met en contact avec un de ses amis documentariste, Stefan, qui parvient à m'obtenir l'adresse mail de l'auteur du livre allemand sur Max et les photographes de Hambourg bannis par le nazisme. J'envoie un courriel détaillé en anglais à Wilfried Weinke, lui expliquant mon désir de découvrir qui était Max, en formulant l'espoir qu'il acceptera de me rencontrer afin de m'éclairer dans mes recherches.

Après des mois à guetter, en vain, une réponse, je

demande à Stefan de lui écrire dans le même sens mais de ma part et en allemand cette fois. Je rencontre Stefan quelques semaines plus tard à Berlin, pendant le Festival du film. Ce jeune homme qui a une tête d'universitaire comme on en voit dans les films, avec ses lunettes rondes, ses cheveux bouclés et son air un peu éberlué, se montre pessimiste. Il a reçu une réponse plutôt sèche. Wilfried Weinke est le seul au monde à s'intéresser à Max Halberstadt et il tient à le rester. Il compte évoquer Max dans de prochains livres, il envisage une nouvelle exposition de ses photos. Fort logiquement, il redoute que je veuille détourner les informations qu'il possède à mon profit. Le fait que je travaille dans le cinéma ne fait qu'accroître sa méfiance. « Vous savez ce que c'est : les producteurs de cinéma… », me dit Stefan, un peu gêné. Je complète sa phrase : « Je sais, ils sont malhonnêtes, obèses, fumeurs de cigares et j'imagine que les productrices ne valent pas mieux ? »

De retour à Paris, j'adresse à Wilfried Weinke un second mail, explicatif et plus diplomate. Je tente de le rassurer. Je m'intéresse à la biographie de Max Halberstadt, je ne compte pas du tout me lancer dans un catalogue raisonné de son œuvre. Je conclus sur une interrogation : est-ce qu'à tout hasard il saurait si Max a des descendants encore vivants ?

Parfois, il suffit de poser la bonne question. La réponse, qui me parvient trois semaines plus tard, me remplit d'allégresse : « J'ai transmis votre mail aux deux petits-fils de

Max. L'un vit à Londres, l'autre à Charleston, en Caroline du Sud. Peut-être accepteront-ils de vous aider ? Peut-être même vous laisseront-ils rendre visite à leur mère, Eva, née en 1925 et qui vit toujours à Johannesbourg ? »

Johannesbourg, la dernière demeure de Max, là où il est décédé en décembre 1940.

Qui est cette Eva par rapport à lui ? J'ai beau chercher, je ne trouve aucune Eva Halberstadt qui corresponde à cette année de naissance.

En octobre 1913, Freud demande à Max que la photo de lui prise en 1909, devenue depuis sa photo officielle, soit envoyée à l'éditeur français d'une collection intitulée « Nos contemporains ». « C'est sous cette apparence que je veux passer à la postérité, lui écrit-il le 15 octobre, en précisant : Je n'ai pas parlé à l'agent de la publication ; je me ferai auprès de lui l'interprète de tes attentes. » Une façon efficace d'aider le jeune couple financièrement.

Il leur rend visite entre Noël et le Nouvel An. En guise de cadeau, Freud apporte à Max un tirage d'une eau-forte de lui réalisée par l'artiste viennois Max Pollak, d'après sa photo officielle. Il l'a dédicacé : « À mon cher fils. »

Freud retrouve avec émotion sa fille, déjà très arrondie à cinq mois, qui respire la joie de vivre. Il existe d'elle une photo ravissante qui la montre enceinte, les joues rebondies, ses cheveux épais ramassés dans son habituel chignon, avec une raie qui les sépare symétriquement, vêtue d'une grande chemise blanche confectionnée dans une toile épaisse, les manches relevées. Elle s'est accoudée à une table où trône un appareil photographique sur lequel Max a posé les mains. Ils portent tous les deux la même chemise à petit col rond, légèrement plissée sur le devant. Est-ce la tenue professionnelle de Max ? Les photos que j'ai retrouvées de lui dans son atelier le montrent toujours impeccablement élégant dans un costume sombre. Peut-être est-ce la tenue qu'il met pour développer les photos dans la chambre noire ? C'est une photo harmonieuse et douce, qui raconte le bonheur tranquille d'un couple amoureux. Freud constate que la chambre du bébé a été aménagée dans une couleur neutre, même si tout le monde espère un garçon. Comme il l'écrit à l'un de ses disciples, Karl Abraham : « Quelle sorte de révolution va provoquer le nouvel invité qu'on attend à Hambourg ? On ne le sait pas. »

Durant ce séjour, Freud fait plus ample connaissance avec Mathilde, la mère de Max. Il a beaucoup d'estime pour cette femme qui, avec très peu de moyens financiers, a veillé seule à l'éducation de ses quatre enfants, et dont les trois fils ont fait de belles études.

Il est heureux de pouvoir célébrer avec toute la famille Halberstadt les fiançailles de Betty Braunschweig et Rudolf, le frère aîné de Max. Il est pédiatre et deviendra celui du petit Ernst Wolfgang, qui naît le 11 mars 1914 à trois heures du matin.

Le premier enfant de Max et Sophie est aussi le premier petit-fils de Freud qui, de sa cure à Karlsbad, salue sa naissance : « Très singulier ! Un sentiment d'avoir vieilli, du respect devant les miracles de la sexualité ! » En découvrant les photos du nouveau-né prises par Max, Freud le surnomme aussitôt *Spatzi* (le Piaf). Il attendra septembre pour aller à Hambourg faire sa connaissance. « C'est un petit gars adorable qui s'entend si bien à vous conquérir par son rire dès qu'on s'occupe de lui. »

Sa prochaine visite à Ernst un an plus tard entrera dans l'histoire de la psychanalyse à cause d'un jeu de l'enfant qu'il décrit dans *Au-delà du principe de plaisir* sous le nom d'« expérience du *fort-da* ».

Un petit garçon joue avec une bobine attachée à une ficelle. Il s'amuse à faire tomber la bobine *fort*, loin de lui, puis avec la ficelle il la ramène *da*, près de lui. Il alterne l'absence et la présence de la bobine. Ce jeu, analyse Freud, symbolise l'absence et la présence de la mère. L'enfant y joue inlassablement. Il répète ce traumatisme lié au départ de sa mère afin de le maîtriser, le symboliser, se l'approprier.

Ce petit garçon qui tente de vivre avec l'absence de sa mère, c'est Ernst, le premier enfant de Max et Sophie. Une absence qui ne restera pas symbolique et qu'Ernst tentera toute sa vie d'accepter.

Je ne retrouve pas la trace d'Ernst Wolfgang Halberstadt. Ou plus exactement, lorsque je le cherche sous le nom de Halberstadt, c'est sous le nom de Freud qu'il apparaît. Ernst W. Halberstadt aurait pris le nom de famille de sa mère après la deuxième guerre mondiale. J'ignore la date et les circonstances de ce changement de patronyme qui complique mes recherches, car cet Ernst né Halberstadt porte désormais le même nom que le troisième fils de Freud. Je cherche un moyen mnémotechnique pour les différencier dans mes notes, mais il se trouve que chacun a pour deuxième prénom celui d'un musicien célèbre, Ernst Wolfgang pour l'un, Ernst Ludwig pour l'autre. J'ai donc parfois tendance à les confondre quand je consulte un index où figure un Ernst Freud.

Du fils cadet de Freud, Ernst Ludwig, je sais peu de choses. Son père disait de lui que c'était « un être lumineux », il fut très heureux dans son mariage, il entretenait des rapports affectueux avec toute sa famille, notamment avec son beau-frère Max. Il s'installa à Londres dans les années trente, bien avant son père. Il exerça le métier d'architecte. Il s'était rêvé en artiste, mais c'est son fils Lucian qui devint un peintre célèbre.

Quand j'étais petite, j'adorais regarder le samedi soir la série policière *Les Cinq Dernières Minutes*, avec ma mère et ma sœur. Mon père méprisait la télévision mais, en rentrant de la promenade digestive qu'il s'imposait chaque soir après dîner, il lui arrivait de rester debout dans l'encadrement de la porte du salon, pour, mine de rien, regarder le programme. Cela exaspérait ma mère. « Mais enfin viens t'asseoir, puisque ça t'intéresse ! » Comme nous, il s'amusait de ce moment où, invariablement, à la fin de l'enquête, le commissaire Bourrel se tapait soudain le front très ostensiblement en s'écriant : « Bon Dieu ! Mais c'est… Bien sûr ! », avant d'expliquer le cheminement de ses pensées qui le conduisait à révéler enfin le nom du coupable.

Soudain, je suis comme ce policier de fiction.

Lucian Freud ! Bien sûr ! Comment avais-je pu l'oublier ?

À sa mort, l'été 2011, j'avais lu un long papier sur lui et ses liens avec la famille Freud. Cet article dans lequel figurait un arbre généalogique, je l'ai conservé.

C'est cette image qui est soudain remontée à ma mémoire.

Une heure plus tard, le papier est retrouvé, l'arbre

généalogique défroissé. C'est une reproduction de celui qu'on peut découvrir au 21 Maresfield Gardens à Londres, la maison où Freud passa les deux dernières années de sa vie, aujourd'hui transformée en musée. C'est une immense fresque agrémentée de taches de couleur et de photos.

Lucian Freud y figure, enfant, en maillot de bain au bord d'une plage, avec ses frères Stephen et Clement. À leur droite on peut voir une des rares photos où Anna, vêtue d'un grand tablier blanc, pose avec les deux enfants de sa sœur Sophie : Ernst, maussade, est en costume de marin ; son petit frère, tout nu, sourit à l'objectif sous le regard attendri de sa tante. Leur père, qui est pourtant l'auteur de la majorité des clichés sur ce mur, n'a pas droit à sa photo, uniquement son nom, avec ses dates et lieux de naissance et de décès. Heureusement, l'article qui suit précise que Max Halberstadt a été marié deux fois. Eva, la mère de ses petits-fils qui vit toujours à Johannesbourg, est sa fille, née à Hambourg d'un deuxième lit.

À la fin de l'été 1914, la guerre bouleverse tous les plans.

Le fils aîné de Freud, Martin, se porte volontaire le 12 août 1914, il est canonnier dans un régiment d'artillerie. Oliver, son deuxième fils, fait de même. Max est convoqué en août, Ernst, le troisième fils de Freud, en octobre. Dans une lettre du 9 mai 1915, Freud se félicite que ses deux aînés soient parvenus au rang d'artificiers. Et il ajoute, parlant de son gendre : « Quant à savoir jusqu'à quel rang avancera Max, mon troisième fils dans l'artillerie, il faut attendre. »

Max n'est pas immédiatement incorporé. Cela tombe bien. Il a beaucoup de travail à son studio, entre les portraits de jeunes appelés qu'il immortalise en uniforme et les agrandissements d'anciennes photos de ceux qui sont tombés au front et dont les familles veulent honorer la mémoire. Il multiplie également les portraits de son fils dans leur appartement, entouré de jouets : petits et gros animaux en peluche, un train, des voitures, un camion.

Sur un cliché de lui en gros plan, Ernst a la main droite posée sous son menton. Dedans, on croit voir une bobine en bois. Celle du *fort-da* ?

Le 1er décembre, Max reçoit sa convocation. Il est envoyé sur le front français, près d'Arras. Il a quarante-huit heures pour s'y rendre. Il refuse que Sophie et Ernst l'accompagnent à la gare. À l'aube, il embrasse le front de son fils qui dort profondément, avec dans la bouche un morceau de tissu bleu, une ancienne housse d'oreiller dont il a fait son doudou. Puis il rejoint Sophie dans la cuisine. « Sous mes chemises, j'ai caché le cadeau que tu donneras à Ernst pour la Saint-Nicolas. C'est un cheval avec une carriole. Ça devrait lui plaire, tu ne crois pas ? » Elle lui verse son café, et pose la main sur son épaule. « Ce sera une fête triste. » Elle tourne son regard vers la fenêtre. « Tu as vu ? Avec le givre, tout est flou ce matin. » Max fait mine de ne pas voir les larmes qu'elle essuie discrètement. Il la prend dans ses bras. « Je serai de retour avant le printemps. » Elle hoche la tête sans dire un mot. Cette fois, c'est elle qui fait semblant de le croire.

Le 23 février 1916, il est blessé à la tête par un éclat d'obus à Verdun, puis transporté à l'hôpital à Valenciennes. Il y développe ce qu'on appelle une « névrose traumatique de guerre ». Il souffre de maux de tête, de dépression. Le médecin-chef de l'hôpital où il est soigné écrit à Freud le 15 mars 1916 : « Je me réjouis de pouvoir répondre à votre lettre que la blessure d'éraflure par balle du canonnier Max Halberstadt derrière l'oreille gauche est en train de guérir de la meilleure façon. On peut espérer fermement qu'il pourra, dans environ deux semaines, être renvoyé en état de servir dans son corps de troupe. »

En avril cependant, Max n'est toujours pas rétabli. Il est envoyé en permission à Hambourg, où il retrouve femme et enfant. Passé l'allégresse des retrouvailles, Sophie mesure chaque jour combien la guerre l'a éprouvé. Max est sombre, souvent fatigué. Il n'a même pas envie d'aller rouvrir son studio.

Ernst, qui s'est habitué à être le seul homme de la maison, a beaucoup de mal à accepter le retour de son père. Il dira plus tard : « J'étais un homme heureux jusqu'au retour de mon père qui pour moi était devenu un intrus, mon ennemi. » Ce dont sa mère témoigne également dans ses lettres : « Quand il voit son père m'embrasser, il essaye de m'attirer vers lui en criant : "Maman m'aime tellement." »

En septembre, Max est officiellement déclaré inapte à la guerre. En octobre, il est affecté au poste de photographe aviateur à Hanovre puis à Königsberg. Il se découvre une passion pour le pilotage et soigne sa dépression en développant une nouvelle forme de photographie : la prise de vue aérienne. Comme il est souvent absent, Sophie décide de passer l'hiver avec Ernst chez ses parents à Vienne. Durant le voyage, il y a un changement de train à la frontière. Sur le chemin qui mène d'une voie à l'autre, Ernst laisse tomber sa poupée, qui se brise dans la chute. Il n'a pas encore trois ans mais des années plus tard il en parlera comme de son premier traumatisme.

Son jeu préféré consiste toujours à jeter des jouets loin de lui. Mais, comme le consigne Freud, « cette fois, au lieu de crier : “Loin”, il s’exclame : “Va-t’en au front !”, ce qui montre combien il souhaite que personne ne vienne perturber son rapport de possession exclusive à sa mère ». Dans une autre lettre, il ajoute : « Ernst me traite comme il traiterait son père : il me tolère mais il m’ignore, et reste ouvertement collé à sa mère, sa tante, et aux autres femmes de la maison. » C’est à Vienne qu’Ernst célèbre son troisième anniversaire, lors duquel Freud lui offre un petit tambour en bois qui figurera sur plusieurs photos de lui.

Au printemps 1917, Max est envoyé en poste à l’aéroport de Mecklembourg, dans le Schwerin, à une centaine de kilomètres de Hambourg. Il est affecté à la formation des équipes de reconnaissance aérienne. Dans un album de ses photos de guerre figurent plusieurs vues aériennes de Hambourg et du sommet du Brocken, des portraits d’hommes en uniforme. On y trouve même une photo de Max, en tenue de pilote, posant devant un biplan. C’est à Schwerin que Max apprend la mort de son frère Rudolf, tombé sur le front français à Hangest, dans la Somme, le 5 avril. Un mois plus tard, il peut enfin bénéficier d’une maison située sur la base militaire. Sophie et leur fils le rejoignent. La nourriture est toujours rationnée et Ernst racontera souvent comment sa mère et lui doivent faire la queue chaque soir pour obtenir une ration de pain. Ils y restent plus d'une année.

Un an plus tard, le 6 mai 1918, alors qu'il célèbre son soixante-deuxième anniversaire, Freud note dans son agenda : « Grossesse de Sophie annoncée. »

Le 8 décembre, c'est à Schwerin que naît le deuxième fils de Max et Sophie, Heinz Rudolf, aussitôt surnommé Heinele. Max, définitivement libéré depuis le 22 novembre, est déjà reparti à Hambourg afin de rouvrir son studio à temps pour les fêtes de Noël, toujours propices pour réaliser des portraits qu'il imprime au format carte postale, ce qui permet aux clients à la fois d'adresser des clichés récents et d'envoyer des vœux. En mars, Sophie et leurs deux fils le rejoignent. La vie peut enfin reprendre.

Les petits-fils de Max, que j'ai contactés, s'appellent Peter et Mark. Ils m'envoient un mail à la fois cordial et prudent. Ils ont pris soin de consulter leur mère, Eva, avant d'accepter de me répondre. Ils sont ravis de l'intérêt que je semble porter à leur grand-père, mais ne comprennent pas du tout pourquoi, en leur expliquant la raison de mes recherches, j'ai employé le mot « roman » et non « biographie ». Les deux frères étant réunis à Londres le temps d'un week-end, je saute sur cette occasion pour aller faire leur connaissance.

Ils m'écrivent séparément, tandis que je suis dans le train. Ils me retrouveront à la gare. Chacun viendra avec sa femme. Ils sont très courtois mais ils restent formels. Après tout, on ne se connaît pas.

J'essaye de me mettre à leur place. Pourquoi ont-ils accepté de me rencontrer ? Est-ce de la curiosité ? L'occasion de pimenter leur routine ? Qu'attendent-ils de ce rendez-vous ? L'opportunité de mettre leur grand-père dans la lumière en espérant qu'elle brillera jusqu'à eux, qu'ils seront inclus dans son halo, qu'elle les mettra en valeur ?

Max occupe-t-il seulement une place dans leur cœur ? Que représente-t-il à leurs yeux ? Un pauvre bougre mort trop jeune ? Une célébrité oubliée ? Juste un homme qu'ils n'ont jamais connu, qui se trouve avoir été le père de leur mère et dont ils possèdent seulement quelques albums de photographies ?

De quel droit vais-je leur poser des questions ? La similarité d'un nom ne justifie pas qu'ils me livrent leurs histoires de famille. De quoi je me mêle ? Dans mon wagon surchauffé en ce mois de juin, je relis mes maigres notes, je révise les dates clés de la vie de Max. J'essaye de resserrer ma liste de questions, qui est bien trop longue. Il ne faut pas que je les affole…

Le temps de croiser trois hommes en uniforme qui se contentent de surveiller la couleur des passeports que les passagers brandissent de loin à leur intention, je me retrouve dans le hall, noyée parmi des arrivants qui guettent des amis, un taxi, une pancarte, ou simplement la sortie.

À ma gauche, un homme me fait signe. « *You're Michèle, right ? I googled you.* » À sa droite, un autre me sourit plus franchement.

L'un a des lunettes, l'autre pas. L'un est plus grand, l'autre plus mince. L'un est brun tirant sur le gris, l'autre a des cheveux blonds frisés. L'un est en chemisette et pantalon de flanelle grise, l'autre porte un polo blanc et un jean clair.

Lequel est l'aîné des deux, je le devine tout de suite, dès les poignées de main. C'est Peter l'Américain qui parle, Mark le Londonien qui acquiesce. Peter a tout du senior à la retraite. Mark conserve dans le sourire quelque chose de juvénile. Ils me présentent leurs épouses. Arlene, la femme de Peter, est petite, carrée, énergique, immédiatement sympathique. Paula, mariée à Mark, est plus évanescente : fine, le teint pâle d'une rousse, les cheveux longs, sans maquillage, une douceur dans la voix qui force les autres à se taire pour l'écouter. Une autorité plus diffuse, mais réelle.

Nous avons quatre heures devant nous. C'est beaucoup pour bavarder avec des inconnus, peu pour faire vraiment connaissance. Autant ne pas perdre de temps en déplacements. St. Pancras abritant, en plus d'une gare, un hôtel au faste suranné, le Renaissance, c'est dans un de ses salons que nous décidons de nous asseoir, avant de poursuivre la conversation dans la brasserie de l'établissement, une sorte de grand hall néogothique entièrement dans son jus. Une ambiance victorienne pour évoquer le passé.

Les deux frères se montrent ouverts, chaleureux. Après quelques minutes où la timidité le dispute à la gêne, j'essaye de me montrer enthousiaste et bien informée du parcours de leur grand-père, histoire de les mettre en confiance. Ils sont venus avec un arbre généalogique qui ne nous apprend rien sur une possible filiation entre nous, mais ils ont envie d'y croire autant que moi, car Max descend d'une famille de rabbins comme la mienne. Ce qui n'est peut-être qu'une coïncidence achève de détendre l'atmosphère.

J'apprends qu'ils sont demi-frères et ne portent pas le même nom de famille. Eva, leur mère, s'est mariée deux fois. Elle a épousé un M. Rosenthal, qui est mort jeune d'une maladie du cœur, dont elle a eu deux enfants, David et Peter. De son aîné, Peter me fait comprendre qu'il n'a pas toute sa tête. « Il n'est pas vraiment là », dit-il, selon une de ces jolies formules dont la langue anglaise a le secret. Eva a ensuite épousé M. Spangenthal, Mark étant l'unique enfant issu de cette union.

Je comprends vite qu'Eva, leur mère, n'est pas une raconteuse. Elle ne leur a transmis aucune anecdote sur Max. Elle avait quinze ans lorsque son père est mort. Elle parle plus volontiers de sa mère, Bertha, une femme sévère, organisée, qui gérait la maison, l'atelier, les comptes et les enfants avec efficacité et sans sentiment. Elle avait une vision très stricte de l'éducation et Max s'en remettait entièrement à elle. Eva n'a pas le souvenir d'un seul moment de fantaisie. Elle a toujours décrit l'atmosphère familiale comme aimante mais terne. Son demi-frère Ernst ne passait que rarement les voir. Sa grand-mère maternelle, Carolina, lorsqu'elle venait de Duisbourg, la ville natale de Bertha, pour leur rendre visite quelques jours, apportait ses parures de lit et ses serviettes de bain « pour ne pas donner du travail à Bertha », mais Eva n'était pas dupe. La grand-mère, profondément pieuse, aurait volontiers également apporté sa vaisselle, mais cela aurait été l'affront de trop que Max n'aurait pas accepté. Il supportait, pour faire plaisir à sa belle-mère, les deux chandeliers en argent qui apparaissaient sur la table du dîner le vendredi soir. Elle les allumait et disait la prière du shabbat. Le lendemain, elle ne laissait à personne le soin de les nettoyer avant de les enrouler dans la peau de chamois qui leur servait de protection.

Je sens dans leurs propos que l'athéisme de Max gêne ses petits-fils, qui sont visiblement plus religieux que leur ancêtre et que leur mère. Il semble que ce soient leurs pères qui les aient remis sur le chemin d'une judaïté plus orthodoxe.

De Max, les deux frères tracent le portrait assez triste d'un homme à qui la vie n'a plus beaucoup souri après la naissance de sa fille. J'apprends qu'il a eu du mal, malgré la vente de son matériel photographique et de ses négatifs, à financer sa traversée jusqu'en Afrique du Sud. Qu'il a plutôt bien réussi à Johannesbourg puisque, deux ans après avoir ouvert son magasin, il a pu s'acheter une voiture. Qu'à sa mort Eva a dû interrompre ses études afin d'aider sa mère, souffrante, à joindre les deux bouts.

Je leur fais part de mon désir de me rendre en Afrique du Sud pour faire la connaissance de leur mère mais, loin de les impressionner, ma démarche tombe à plat. Visiblement, Eva n'a aucune envie de me rencontrer. Autant eux veulent bien s'intéresser à ce que je souhaite écrire, autant elle tient à rester en dehors de tout cela. Mon intérêt pour son père ne l'émeut pas du tout. « Elle ne comprend pas où est le roman là-dedans. »

Nous y voilà, une fois de plus. Je me maudis d'avoir employé ce mot sur lequel ils achoppent tous. J'essaye d'expliquer que je ne suis pas une historienne, que je suis partie à la recherche de Max dans le cadre de mes interrogations sur les Halberstadt. Bien entendu je n'ai pas l'intention de lui inventer une vie qu'il n'a pas eue. Seulement, si nécessaire, je veux pouvoir m'autoriser à imaginer parfois des fragments de son quotidien, des sentiments dont il ne reste aucune trace. Ils ne semblent pas convaincus. J'ai parlé en vain. Eva restera une inconnue, Max un fantôme, et je m'apprête à rentrer à Paris avec une certaine frustration.

Je demande à tout hasard s'ils auraient entendu la moindre anecdote de la part d'Eva concernant Sophie, la première femme de son père. Mark réfléchit. « Elle n'a jamais rien eu à raconter ni sur Sophie ni sur les Freud d'ailleurs. Mais il y a quelques années, quand les banques en Afrique du Sud menaçaient de faire faillite, maman m'a demandé d'aller vider son compte et de récupérer la boîte à bijoux qu'elle avait déposée dans un coffre. C'était un vanity-case en velours rouge. Dedans j'ai trouvé un portrait dans un médaillon en argent. C'était une photo de Sophie, prise par Max. »

Mon cœur fait un bond. Ce médaillon, Freud l'a porté

sur lui jusqu'à sa mort. Il mentionne ce bijou dans plusieurs lettres. Sans doute Anna l'a-t-elle adressé à Max après la mort de son père ? Je suis touchée d'apprendre qu'une trace de Freud et de Sophie a fait le voyage jusqu'à Johannesbourg. J'aurais trouvé romantique que Max ait été enterré avec ce médaillon. Mais, tout comme Freud avant lui, il a été incinéré. Et le médaillon dort désormais dans les tiroirs d'une vieille dame que ce souvenir n'émeut pas.

Depuis le début de la guerre, et encore plus avec la dépression de Max, Freud ne cesse d'aider financièrement son gendre, soit par des envois d'argent, soit par le biais de ses droits d'auteur. Il offre à son petit-fils Ernst les royalties en marks allemands de la cinquième édition de sa *Psychopathologie de la vie quotidienne*. Il envoie aussi ce qu'il appelle des « mandats de soutien » à peu près chaque trimestre. Ce faisant, il prend soin de ne pas heurter l'orgueil de son gendre. Le 10 juin 1918 : « Tu n'as pas besoin d'entretenir de la susceptibilité sur ce point. C'est pour moi une satisfaction que de pouvoir vous offrir un modeste soutien en cette mauvaise période dont tu n'es pas responsable et je souhaiterais seulement que ma capacité à gagner de l'argent reste encore inentamée pendant une bonne série d'années. » Une offre qu'il réitère dès que Max, démobilisé, rentre seul à Hambourg le 24 novembre, en laissant Ernst et Sophie, très enceinte, à Schwerin : « Tu ne dois lésiner sur aucune dépense, en vue d'assurer à Sophie de la compagnie et des soins. » Le lendemain de la naissance de Heinele, il écrit à Sophie : « Mon premier cadeau pour lui se trouve déjà dans le tiroir de maman, un livret avec 4 000 K auquel viendront s'ajouter bien des choses encore. » Le 3 juillet 1919, ce sont les droits d'auteur de la réédition de *L'Interprétation du rêve* qui lui permettent de virer cette fois trois mille couronnes. Le 27 juillet, il s'assure que les photos faites de lui par Max seront correctement rémunérées par la Maison d'édition internationale psychanalytique qui les utilise. Il insiste : « Je voudrais te suggérer de ne pas te faire tant de soucis et tracas et de faire davantage confiance à votre jeunesse. Prends exemple sur l'insouciance de ton vieux beau-père. »

En septembre 1919, Freud va passer une semaine à Hambourg. Il fait enfin la connaissance de Heinele et constate, sans surprise, qu'Ernst est « violemment jaloux de son petit frère ». Cela faisait plus de quatre ans que Freud n'avait pas posé pour Max. Il reste de cette nouvelle séance une très belle photo de Sophie et son père. Elle est vêtue de noir dans une robe qui lui dégage le cou, les cheveux relevés en chignon. Elle se tient debout, à sa droite, ses mains entourant le bras de son père. Elle a sa joue gauche contre son épaule et elle regarde au loin, nous offrant son profil droit tandis que lui nous fait face, très élégant dans son costume gris, sa montre à gousset accrochée au deuxième bouton de son gilet gris rayé. L'ébauche d'un sourire éclaire la barbe blanchie.

Il pose seul, ensuite, pour cette fameuse photo statuaire,

la plus célèbre de celles que Max fera de lui. À en croire les lettres de Freud, il en existe deux versions. Il n'aime pas du tout la première, « la grande méchante, plus accentuée, avec le cigare de travers ». Il préfère l'autre, « plus atténuée, tronquée », la seule que l'on connaisse, dont il veillera inlassablement à ce que son gendre touche les bénéfices.

Chaque jour, comme il le fait à Vienne, Freud va marcher durant une heure. Sophie l'accompagne parfois. La veille de son départ, vers la fin de leur promenade, alors qu'ils s'apprêtent à rebrousser chemin, elle lui désigne un banc. « Tu ne veux pas qu'on s'asseye ? Je suis un peu fatiguée. » Elle époussette la banquette autour d'elle et prend soin d'étaler méticuleusement sa jupe. Elle pose ses mains à plat sur ses genoux et joue avec son alliance. À ses côtés, Freud ne dit rien. Il devine qu'elle rassemble son courage pour lui dire ce qu'elle a sur le cœur.

Quand elle finit par prendre la parole, c'est en regardant droit devant elle. « Comme tu l'as sûrement constaté, et je sais que cela te réchauffe le cœur, Max et moi nous sommes heureux ensemble. J'ai eu peur, avec sa blessure et ce temps passé loin l'un de l'autre… Bien sûr, avec la guerre, tout ce qu'il a vu, la mort de son frère… il a perdu toute insouciance. D'ailleurs, en a-t-il jamais eu ? Il a toujours été d'un naturel plus grave que toi, par exemple. Mais depuis la naissance de Heinele, je le retrouve… On se retrouve. » Elle hésite à poursuivre. Elle regarde son père, comme si elle attendait qu'il devine ce qu'elle cherche à lui dire. Il acquiesce et dit simplement : « Je t'écoute. » Elle baisse la tête et se concentre sur ses doigts croisés. « Je sais combien tu nous aides et nous t'en sommes infiniment reconnaissants. Max essaye de relancer le studio et ça marche assez bien, heureusement, maintenant que nous sommes quatre. Mais il ne faudrait pas que la famille s'agrandisse. Nous ne pourrions pas nous le permettre. Seulement… tu sais ce que c'est. Nous sommes encore un jeune couple. Nous avons souffert d'être séparés, ce n'est pas pour faire chambre à part maintenant nous sommes enfin réunis. » Elle tourne enfin son visage vers son père, qui lui prend les mains. « Il y a des méthodes. Il faut les suivre scrupuleusement. Je vais trouver quelqu'un pour te conseiller. Ne t'inquiète pas. »

Freud a pris leur conversation à cœur et y fait allusion dès son retour à Vienne, dans une lettre du 4 octobre : « J'ai parlé de manière approfondie avec le docteur Liebermann de tes besoins médicaux. S'il ne t'a pas encore écrit, rappelle-le à l'ordre sans tarder. »

Comment est-il possible que la fille de Freud n'ait pas pu trouver un médecin qui lui prescrive un moyen de contraception qui lui convienne ?

Le 4 janvier 1920, c'est pour la consoler d'être une nouvelle fois enceinte que son père lui écrit avec infiniment de tendresse, en tentant de se montrer optimiste : « Si tu crois que je suis tout à fait consterné par ton annonce, tu te trompes. Je suis en mesure de m'en réjouir beaucoup. Il est mieux d'avoir ses enfants tant qu'on est jeune ; et trois ne sont pas trop. Mon conseil est celui-ci : accueille cet enfant volontiers, et ne gâche pas le temps qui vous sépare de sa venue par la mauvaise humeur et le remords. Ne vous faites pas non plus de souci. En effet, le magasin [par là il entend sa pratique] est reparti. Bref, n'ayez pas du tout de soucis d'argent. Ce qu'on fait ensuite ? La même chose qu'on aurait dû faire tout de suite. On prend au sérieux la tâche de la régulation, on fait une fois le voyage de Berlin et on s'y fait munir d'un moyen de préservation sûr. J'espère donc apprendre dans la prochaine lettre, et ce très bientôt, que vous vous êtes consolés tous les deux et que vous regardez vers l'avenir proche dans une attente joyeuse. »

Comment, selon quels préceptes la fille de Freud élève-t-elle ses enfants ? Lorsqu'elle était enceinte d'Ernst, Sophie a lu avec intérêt les écrits de la pionnière de la psychanalyse des enfants. Hermine Hug-Hellmuth est viennoise. C'est une protégée de Freud, qui lui a offert de tenir une chronique dans sa revue psychanalytique *Imago*, intitulée « La véritable nature de l'âme de l'enfant ». Régulièrement, elle y décrit les conclusions qu'elle tire de sa propre expérience puisqu'elle élève son neveu Rolf, le frère de sa demi-sœur, qui est orphelin depuis l'âge de neuf ans. Une histoire qui finira tragiquement.

Lorsque Rolf entre dans l'adolescence, elle estime qu'il est devenu trop difficile et choisit de le placer en maison de redressement. En 1924, âgé de dix-huit ans, Rolf s'introduit chez elle et l'étrangle dans son sommeil. Il clamera toujours être une « victime de la psychanalyse ».

Est-ce parce qu'Hermine Hug-Hellmuth préconisait une observation continue du comportement et des jeux de l'enfant ? Ou est-ce tout naturellement que Sophie, qui fut la secrétaire de son père quasiment jusqu'à son mariage, avant qu'Anna ne prenne toute la place, éprouva le désir de consigner ses constatations par écrit ? C'est en tout cas, à part quelques lettres, la seule trace qui nous reste de la « voix » de Sophie Freud : ce journal qu'elle tint, dès le jour de la naissance d'Ernst, afin de noter toutes les étapes de son développement.

C'est son fils qui, en 2001, à l'âge de quatre-vingt-sept ans, peu avant sa mort, confie ce journal à l'homme qu'il a choisi pour écrire sa biographie, un psychologue américain qui fera finalement un livre sur les trois Freud qui ont consacré leur vie à la psychanalyse : Sigmund, le père, Anna, la fille, et Ernst, le petit-fils devenu spécialiste de pédopsychiatrie et surtout de psychiatrie néonatale. En annexe de ce livre intitulé *Les Vies entrelacées de Sigmund, Anna et W. Ernest Freud*, on trouve le journal tenu par Sophie Freud, retranscrit dans son intégralité. Il est suivi par quelques réflexions de son fils, dont ce mot désabusé : « Pourquoi ce journal tenu par ma mère me semble-t-il tellement décevant ? » L'auteur du livre propose une explication : « Sans doute parce que ce journal ne la ramène pas à la vie. »

Il n'y a certes rien de palpitant dans cette chronique

factuelle d'un bébé qui grandit, où chaque étape est consignée : sa courbe de poids, son passage du sein maternel au biberon, ses difficultés à faire ses nuits, ses premiers pas, ses premières dents, ses premiers mots, sa première phrase (« Maman est là ! »), ses mots d'enfant (« miroir » au lieu de « photo »), ses particularités (il dort les mains croisées derrière la tête, comme son père) ou ses goûts (sa passion pour le chocolat, son attirance pour les femmes aux chevelures épaisses et lourdes, comme celle de sa mère). Mais, à la lumière du destin de Sophie, dont la disparition brutale sera pour l'enfant un traumatisme irréparable, chaque fois que, dans ce journal, elle évoque l'amour absolu que son fils lui porte, qu'elle remarque combien il jalouse son père, qu'elle s'étonne de constater à quel point il ne supporte pas d'être séparé d'elle, ces réflexions, pourtant banales, deviennent poignantes.

Ernst n'a que sept ans lorsque Sophie décède, enceinte de son troisième enfant qui meurt avec elle. Officiellement, elle n'aurait pas résisté à la grippe espagnole. Elle meurt après cinq jours d'hospitalisation, à l'aube du 25 janvier 1920, la veille de son septième anniversaire de mariage. Elle n'a pas vingt-sept ans.

Quelle est la cause exacte de son décès ? Même si elle a tué davantage de trentenaires que de personnes âgées, ce n'est pas en janvier 1920 que la grippe espagnole est la plus mortelle. D'ailleurs la mère de Sophie, Martha, qui l'a attrapée quelques mois plus tôt, s'en est facilement remise.

Faut-il plutôt y voir les conséquences d'un affaiblissement dû à la malnutrition et aggravé par la grossesse, ou bien d'une tentative d'avortement ?

Dans une lettre du 15 février adressée au professeur Arthur Lippmann, spécialiste des maladies internes à l'hôpital général Saint-Georges de Hambourg, où sa fille est décédée, Freud se montre étonnamment précis sur ce sujet encore tabou en 1920 qu'est la contraception. C'est la lettre d'un père qui tente d'accepter la mort de sa fille, en espérant que son exemple permettra de sauver d'autres femmes : « Très honoré collègue, je vous remercie beaucoup pour votre compte rendu de maladie circonstancié. Les détails que vous communiquez satisfont pleinement le besoin médical de savoir que tout était nécessaire et inévitable. Le cas était manifestement depuis le début désespéré. On ne pourra sans doute jamais juger dans quelle mesure l'absence de résistance face à l'infection a été ensuite liée à cette dégradation. Pour moi, la nouvelle fut plutôt l'information selon laquelle la grossesse avait si profondément modifié dans un sens défavorable son état tant corporel que psychique. Mais d'un autre point de vue, le destin malheureux de ma fille me semble comporter un avertissement qui n'est souvent pas pris avec assez de sérieux par notre corporation. Face à une loi inhumaine et dépourvue d'empathie qui impose même à la mère qui ne le veut pas la poursuite d'une grossesse, le médecin devrait manifestement se faire un devoir d'enseigner les voies appropriées et inoffensives susceptibles d'empêcher les grossesses non désirées dans le cadre du mariage. Lors de ma dernière visite en septembre 1919, ma fille m'en avait parlé, les deux jeunes gens souffrant vivement des restrictions qu'ils s'étaient imposées. Je ne pus rien faire d'autre que les adresser à un gynécologue en vue de la pose d'un pessaire [diaphragme anticonceptionnel] occlusif. Il faut qu'ensuite, sur ce point, quelque chose se soit passé qui n'a pas convenu. J'espère que de semblables expériences contribueront à ce que les gynécologues prennent de plus en plus nettement la mesure de cette tâche qui leur incombe. Je suis, honoré collègue, avec de sincères remerciements pour la peine que vous avez prise et pour votre sympathie, votre dévoué Freud. »

J'évoque les conséquences de la grippe espagnole alors que nous sommes en confinement. Seule l'Australie avait appliqué une mise en quarantaine de sa population à l'automne 1918, semblable à celle que nous expérimentons en ce printemps 2020.

Écrire est une activité qui exige l'isolement, mais la vie continue d'habitude, de l'autre côté de ma porte close, dans la maison et au-dehors. Depuis ce quasi-couvre-feu qui règne sur le pays, les bruits qui me parviennent sont différents. Ni feutrés, comme engourdis, lorsque j'écris de bonne heure et que le jour se lève à peine. Ni suspendus, comme ouatés, lorsque j'écris durant la nuit. J'entends plutôt les échos d'un dimanche, avec des portes qui claquent, des cris d'enfants, des chiens qui aboient sans raison, des bribes de musique à la volée, les éclats d'une conversation lointaine. Qu'elles sont étranges, ces semaines composées exclusivement de jours creux qui ne sont pas comme des vacances, car l'ombre du travail plane sur nos consciences, celui qu'on devrait faire, celui qu'on ne peut plus faire, celui qu'on n'a pas le cœur à faire. On découvre rapidement qu'il faut s'imposer une discipline, découper les journées en tranches horaires d'autant plus inflexibles qu'elles sont subjectives et s'organiser pour trouver comment bien occuper ce temps qui – si vous faites partie des plus chanceux n'ayant à s'occuper que d'eux-mêmes – est soudain disponible. Ce temps dont on parle d'habitude avec regret ou nostalgie, en tout cas au conditionnel, ce temps que la vie quotidienne nous refuse et qu'on rêverait d'employer à se cultiver, à se distraire, à assouvir une passion, à pratiquer un sport, à apprendre une discipline ou une langue étrangère, ce temps qui se dérobait, voilà qu'il s'offre à nous et on ne sait plus bien quoi en faire, comme un cadeau trop attendu qui s'avérerait décevant à l'ouverture du paquet.

J'ai peur de ce virus possiblement mortel, mais je n'ai pas peur du confinement.

Je l'ai déjà vécu.

Je me suis enfermée chez moi durant toute une saison, pour tenter de faire le deuil d'un nourrisson de quelques semaines. À côté de moi il y avait mon mari, ma fille de deux ans. Je n'arrivais pas à communiquer avec eux.

J'étais enfermée avec mon chagrin.

J'ai pansé mes plaies, revu mes priorités, écrit un livre.

Je ne crains pas le confinement.

À l'époque, déjà, il m'a sauvé la vie.

À la nouvelle du décès de Sophie, Freud fait porter une lettre à son gendre : « Mon cher Max, j'ai l'impression que je n'ai jamais écrit une lettre qui soit plus superfétatoire. Tu sais combien grande est notre douleur ; nous savons la peine qui doit être la tienne ; je ne fais aucune tentative pour te consoler, de même que tu ne peux rien pour nous. Tu es peut-être d'avis que je ne saurais pas ce que cela signifie que de perdre une femme aimée et la mère de ses enfants, parce que cela m'a été épargné. Tu as raison, mais, à rebours, l'amère blessure de survivre à une jeune enfant florissante, en étant soi-même si avancé dans la vie et si proche de la mort, ne peut que t'être étrangère et inconcevable. Que ce malheur ne change rien à mes sentiments pour toi, que tu restes notre fils, aussi longtemps que tu voudras le rester, je n'ai pas non plus besoin de te le dire ; c'est la suite évidente de la relation que nous avons eue jusqu'ici. C'est un acte du destin absurde et brutal qui nous a ravi notre Sophie, quelque chose face à quoi on ne peut ni accuser ni ruminer, mais incliner la tête sous le coup, pauvre être humain sans recours avec lequel jouent des puissances supérieures. »

Max est tétanisé, dans un état d'absolue sidération. Comme il l'écrit à Mathilde, la sœur aînée de son épouse : « Pour l'instant, je ne conçois pas la mort de Sophie. » À quoi Freud renchérit : « C'est effectivement vrai qu'au début on ne le conçoit pas, on ne veut pas le croire. Et ce n'est que moyennant un lent travail que cela se fraie un passage, de sorte qu'on est forcé de le croire. » Freud lui écrit presque chaque jour, à défaut de ne pouvoir être physiquement à ses côtés. Un visa est encore obligatoire pour se rendre d'Autriche en Allemagne et le délai pour l'obtenir est d'au moins une semaine.

Il faut pourtant organiser l'enterrement le plus rapidement possible, comme c'est la tradition dans la religion juive. Dans son malheur, Freud se dit soulagé que ces tracas administratifs les empêchent de partir à Hambourg. Au moins l'épreuve des funérailles sera épargnée à sa femme. Sa fille aînée Mathilde et son mari Robert, ainsi qu'Oliver, son deuxième fils, et Ernst, son fils cadet, déjà en Allemagne, sont présents pour entourer Max.

De cet enterrement, on sait simplement qu'il s'est déroulé un mercredi vers midi, que Sophie a été incinérée, puis inhumée, que son frère Ernst a dessiné lui-même la stèle, qu'il s'est chargé des fleurs et que le discours du docteur Rosenthal a bouleversé l'assistance. Il a évoqué la beauté de Sophie, mais aussi « son naturel » qui avait « quelque chose de subjugant ». Comme l'écrit Freud à son gendre : « Nous sentons qu'avec elle c'est notre éclat qui s'en est allé. »

Freud fait tout ce qu'il peut pour assister Max. Il s'est occupé de l'annonce du décès dans le *Neue Freie Presse*. Il lui envoie de l'argent. « Chaque mois, aussi longtemps que j'aurai des patients d'Allemagne, je te ferai envoyer des honoraires. Tu en utiliseras la moitié à ta guise pour toi et les enfants, et tu en garderas l'autre moitié en compte à ma disposition. » Il lui propose de prendre les garçons à Vienne pendant les premiers temps, puis de chercher une maison pour passer des vacances d'été tous ensemble. Surtout, il insiste pour correspondre avec lui de façon hebdomadaire, comme il le faisait avec sa fille.

Que dire des deux garçons ? Heinele vient d'avoir treize mois. Ernst aura six ans dans moins de deux mois. Pour l'heure, le cadet a la coqueluche. Il n'aura aucun souvenir de sa mère.

Le lendemain de l'enterrement, pendant que Heinele fait la sieste, Max fait venir Ernst dans le salon. Il l'assied sur ses genoux et lui explique, le plus simplement, le plus directement possible, que sa mère, qui était si malade et que tous, à l'hôpital, ont tenté de guérir, ne reviendra pas. Ernst ne parle pas. Il ne fond pas en larmes. Il écoute son père, sans réagir. Comme il le racontera plus tard : « J'étais incapable de penser. C'est très simple : je me suis tout simplement éteint. »

Je ne peux pas mettre de mots sur cette scène, ce serait obscène. Je ne peux qu'imaginer les mains tremblantes, le dos voûté, la voix brisée de Max qui étreint Ernst. Il le serre contre lui pour ne pas lui montrer les larmes qui lui serrent la gorge et qu'il peine à retenir. Il ne pleure pas sur son chagrin. Il pleure sur l'enfance de son fils. Il sait qu'il vient de la piétiner, en quelques mots, irrémédiablement.

Je devine qu'Ernst se mure dans le silence, je vois ses yeux dont les paupières battent plus vite, qui font le tour de la pièce, allant chercher de l'aide dans les meubles, les rideaux, le piano, la cheminée, le grand balcon visible à travers les rideaux, partout où il peut éviter de croiser le regard de son père. Je voudrais lui dire : « Reste là encore quelques minutes, blottis-toi contre ce père qui t'aime si maladroitement, ne le rejette pas tout de suite. » C'est déjà trop tard.

Ernst ne cessera jamais de lui en vouloir.

En désespoir de cause, pour occuper son fils qui adore jouer dehors, ce qui est impossible car le temps est à la pluie, Max a l'idée saugrenue d'installer une petite balançoire entre la chambre et le couloir, sur le chambranle de la porte. Il s'agit d'un petit siège en bois doté d'une barre à hauteur de la taille pour assurer le bon maintien de l'enfant. Ernst va s'y balancer des heures durant, des jours durant, sans parler à personne. C'est le seul élément dans son quotidien dévasté sur lequel il peut agir : contrôler la vitesse à laquelle il se balance. C'est l'unique façon qu'il a trouvée pour supporter cette absence incompréhensible, inacceptable. Ernst berce son chagrin.

Max a engagé une Mlle Jacob pour tenir la maison et l'aider à s'occuper des enfants. Nul ne sait ce qui l'a conduit à choisir cette femme qu'aujourd'hui on qualifierait de « vieille fille ». Petite et sèche, le teint cireux, les cheveux gris serrés en chignon, la cinquantaine terne et l'humeur maussade, elle s'acquitte du ménage et de la cuisine avec bonne volonté mais sans aucun talent. Surtout, elle ignore comment s'y prendre avec des enfants et se réfugie derrière des principes disciplinaires stricts. Sa personnalité revêche, sa présence pesante n'apportent aucune gaieté dans le foyer. Ernst la prend aussitôt en grippe. Il est persuadé qu'elle cherche à séduire son père pour l'épouser, bien qu'elle soit bien plus âgée que Max, et il devient franchement difficile à vivre.

De toute façon, si tel avait été l'espoir secret de Mlle Jacob, elle en aurait été pour ses frais. Max ne la voit pas. Il ne regarde rien ni personne. Son deuil a annihilé sa personnalité. Il s'est replié en lui-même. Il ne trouve aucun apaisement dans la compagnie de ses enfants, au contraire. Ce qui n'a pas trait à son chagrin le dérange et l'irrite.

Dès qu'il le peut, il quitte l'appartement du 71 Hansastrasse.

Seule la photographie le console. Comme si le filtre de l'appareil était l'unique biais à travers lequel il pouvait renouer avec l'extérieur. Quand il n'est pas à son studio, il arpente la ville.

Il passe beaucoup de temps à photographier les activités du port. Les bateaux de marchandises, les remorqueurs, les grands voiliers, les barques des pêcheurs, les carrioles tirées par des chevaux, arrêtées le long d'un quai le temps qu'une poulie remonte une caisse en bois. Hambourg se reconstruit après la guerre et les photographies que prend Max en offrent un aperçu au quotidien. Son regard est bienveillant. On sent qu'il cherche à immortaliser la fébrilité de l'effort, la camaraderie des ouvriers, la placidité des retraités qui les observent les mains dans les poches, la pause cigarette, la casquette qu'on visse sur le crâne, les mains qu'on lave à un puits.

Il aime aussi photographier les marchés. Là il privilégie le mouvement, au point que chaque photo ressemble à un arrêt sur image et qu'on voudrait remettre des pièces dans une machine pour que le film continue. Ce sont ces clichés-là que je préfère. Les femmes discutant devant un étalage, toutes avec un foulard, un fichu, un chapeau, un bibi, jamais tête nue ; le boulanger qui tend son pain à un client ; le vendeur de bananes qui, juché sur sa charrette, harangue les passants ; la femme vêtue de noir qui porte un doigt à sa bouche pour goûter une sauce ; l'enfant en chemisette, médusé devant des aquariums de poissons tropicaux ; le marchand de saucisses, en chemise et tablier blanc, qui sert des assiettes sur des tréteaux posés devant lui, autour desquels on se presse pour un rapide déjeuner debout ; cet homme dont les mains agrippent les grilles d'un casier dans lequel des oies, posées sur un peu de paille, attendent d'être vendues ; cette fleuriste qui fouille dans son tablier blanc pour rendre la monnaie. Il y a l'entrée du marché, près d'un grand pont en bois, puis le marché lui-même, qui se déploie jusqu'à une place où des enfants tournent sur les chevaux de bois d'un carrousel, tandis que leurs mères discutent sur un banc ; il y a cet autre marché au bord d'une rivière, avec des draps blancs tendus au-dessus des étals et des paniers en osier vides suspendus le long de la rambarde ; il y a ces femmes assises sur le trottoir pour vendre des légumes, ou bien cette autre, debout sous des arcades, qui pèse des baies sur une balance en fonte ; il y a ce bateau amarré au quai, où les femmes vont acheter le poisson fraîchement pêché ; il y a ces barques collées les unes aux autres, prêtes à embarquer les passagers qui se bousculent sur le ponton ; il y a enfin ces canaux étroits où deux petites embarcations se sont aventurées et dont il semble qu'elles ne parviendront plus à s'extirper.

Parmi ces photos, quelques-unes paraissent dans la revue *L'Atelier du photographe*, l'organe de la société des photographes portraitistes allemands dont Max est un des membres fondateurs. La presse quotidienne de Hambourg reproduit également des clichés plus traditionnels. Ici un homme en bras de chemise allongé au bord d'un canal, là un autre assis sur un banc, en costume et gilet noir, plongé dans la lecture du journal. Là une femme au grand chapeau riant aux éclats dans un parc, une petite fille avec deux nattes blondes sur sa robe à fleurs qui joue avec sa poupée, une vieille dame enroulée dans son châle qui offre son visage ridé au soleil d'une belle journée, les yeux clos. Il y a aussi des photos dans un esprit très carte postale de Hambourg la nuit, comme un hommage à l'expressionisme allemand déjà en vogue, mettant en valeur les reflets dans les canaux, les ombres des bâtiments, les monuments trop éclairés, quelques façades rutilantes, et les flèches des églises qui percent le brouillard.

C'est à cette époque aussi que Max entame une longue collaboration avec des journaux de la communauté juive. Il y a placé quelques publicités pour se faire connaître. Dans le *Journal familial de Hambourg pour la communauté israélite* par exemple, on trouve un encart où il propose « portraits, photos, agrandissements et prises de vue d'intérieur ».

Il développe également la clientèle des revues de théâtre. Ses portraits d'acteurs, ses clichés de mises en scène illustrent les articles du journal des théâtres de la ville. Dans le fameux cahier spécial de *Photofreund* qui paraît en novembre 1920 figurent des portraits de chanteuses, de chefs d'orchestre.

Et puis, naturellement, il y a les photographies de Freud. Pour chaque demande de clichés qui lui parvient, il renvoie au studio de Max. Il lui a alloué officiellement le monopole commercial de ses portraits et répond désormais à chaque demande par la même formule : « Mes photographies sont fabriquées par l'atelier Max Halberstadt à Hambourg. » Lorsque Max exprime des scrupules, Freud les balaye d'une phrase définitive : « Je ne vois pas pourquoi tu ne devrais pas gagner de l'argent grâce à moi. »

Freud exhorte son gendre à dépenser l'argent qu'il lui fait parvenir. Il veut par exemple que Max aille consulter un spécialiste pour Heinele, qui souffre de jambes torses, puis lorsque, quelques mois plus tard, il se fracture une clavicule. Il insiste pour qu'Ernst, qui est un très mauvais mangeur, puisse chaque jour avoir « des friandises et du chocolat. Il faut donner à cet enfant ce qui lui fait envie ». Il veille à ce que Max pioche dans cet argent pour que les enfants aient de beaux cadeaux à Noël et pour leurs anniversaires. « Mets généreusement la main dans mon fonds. C'est toi qui connais leurs souhaits. »

Betty, la veuve du frère pédiatre de Max décédé au front, vient souvent aider son beau-frère. Leur mère Mathilde est aussi très présente. Anna et Martha Freud s'organisent pour faire successivement de longs séjours à Hambourg, durant les trois années qui suivent la mort de

Sophie. Anna surtout passe plusieurs mois avec eux en 1921 et revient début 1922 remplacer Mlle Jacob, qui souffre d'une sciatique. Elle leur achète à chaque fois une garde-robe complète pour la prochaine saison. Elle leur apprend des comptines, leur fait écouter de la musique, les emmène en promenade. L'été venu, Anna part avec eux à Altaussee, en Autriche, au bord du lac, respirer un air plus pur, dans tous les sens du terme. Loin de Hambourg et des souvenirs de sa mère, sans Max ni Mlle Jacob, Ernst s'épanouit aussitôt et retrouve l'appétit. Heinele en revanche demeure souffreteux.

Le soir, avant de les coucher, Anna leur fait la lecture. *Le Merveilleux Voyage de Nils Holgersson à travers la Suède* est le conte préféré des garçons, qui le réclament tous les soirs. Ernst surtout, parce que Sophie lui avait souvent raconté cette histoire d'un garçon de ferme rétréci en punition de sa méchanceté. Lorsqu'il se montrait difficile ou capricieux, sa mère le prenait dans ses bras et le faisait tournoyer en disant : « Je vais te rétrécir et tu vas t'envoler avec les oies faire le tour de l'Allemagne ! » Elle riait et tournait en cadence, comme si ses pas suivaient une valse qu'elle seule pouvait entendre, et Ernst lovait sa tête dans le cou de sa mère, frottant son front contre le bas de son chignon, là où ses cheveux étaient mousseux et parfumés.

Heinele aussi demande cette histoire, pour faire comme son grand frère, mais Anna sait bien qu'il s'endort au bout de deux pages et, chaque soir, il faut qu'elle reprenne le livre au début.

Le petit Heinele a un caractère facile et se fait aimer de tous. Il est très bavard et épate les adultes par son vocabulaire. Il se montre vif, attachant et très amusant. Comme Anna l'écrit à son père : « Heinele n'est jamais en bonne santé. Il a toujours un peu de fièvre et il a très mauvaise mine. Mais malgré cela il est toujours d'une humeur joyeuse. C'est un être radieux. » Ernst, qui jalouse son frère et entre systématiquement en conflit avec son père, est ombrageux, colérique, insomniaque. Il devient très compliqué à gérer. Anna lui consacre beaucoup de temps. Elle envisage même de l'emmener à Vienne et se propose de l'adopter. Elle a constaté la mésentente entre Ernst et Max et en fait part à Freud : « Max essaye vraiment d'être gentil avec Ernst, ses efforts sont sincères, mais il ne le supporte pas plus de dix minutes. Ernst se montre alors sous son pire jour. Max fait de son mieux. Mais c'est un homme brisé, désespéré. Il est trop malheureux pour en faire davantage. Son seul désir, c'est qu'on le laisse en paix. Quant à Ernst, il ne se calme que lorsque son père est hors de portée. Nous connaissons les limites de Mlle Jacob dans son rôle d'éducatrice. Ernst se retrouve sous sa coupe. Mais il n'est pas un enfant ordinaire. Il est monstrueusement sensible et assoiffé de tendresse. » Anna est convaincue que chacun vivrait mieux sans la présence de l'autre. Freud s'y oppose, persuadé que séparer les enfants constituerait pour eux un traumatisme supplémentaire. Un an plus tard, il sera le premier à changer d'avis.

Tous ces courriers que je recoupe lentement, passant d'un livre à l'autre, tentant de faire coïncider les dates, les lieux, les circonstances, prenant des notes quand les informations semblent solides, jusqu'à ce qu'un nouvel ouvrage, une autre source, une référence oubliée vienne en bousculer la cohérence, tous ces volumineux recueils d'une correspondance incroyablement riche m'intriguent. Comment ces lettres ont-elles survécu à deux guerres, à de multiples déménagements, et plus prosaïquement au temps, au hasard, à la perte, à la destruction, à l'oubli ? Il s'agit majoritairement, en ce qui concerne ma recherche sur les traces de Max, des lettres que Freud adressait à ses six enfants, chacun vivant dans un lieu différent. Je ne peux pas imaginer que tous les six aient gardé la trace de chaque courrier reçu. Et qu'en est-il des lettres échangées avec d'autres, des disciples, des amis, des confrères ? Celles entre Freud et Zweig par exemple, une correspondance étalée sur trente ans, qui elle aussi fait l'objet d'un livre, comment sont-elles arrivées jusqu'à nous ? Zweig les avait-il confiées à quelqu'un avant de partir au Brésil ? Ou bien les avait-il rangées dans un tiroir de son secrétaire ? S'était-il occupé de mettre de l'ordre et de trier ses courriers alors qu'il avait décidé de quitter ce monde ?

Tous les ouvrages recensant ces diverses correspondances s'ouvrent sur des préfaces savantes qui nous renseignent sur les fonds, les universités, les musées où sont archivés ces courriers, mais jamais sur la façon dont ils ont traversé les siècles pour parvenir, parfois incomplets mais généralement intacts, jusqu'à nous.

Freud conservait-il systématiquement un double de chacune des lettres qu'il envoyait ? Si oui, de quelle façon ? À l'aide de papier carbone ? Avait-il instauré un système de rangement afin de classer son courrier par destinataire et par année ? Triait-il de la même façon les réponses qu'il recevait ? Gardait-il aussi les enveloppes ? Le tout dans quel but ? Pensait-il déjà à la postérité ? Écrivait-il en sachant qu'il construisait la part intime de sa légende ?

Je ne crois pas qu'il ait été doté d'un tel cynisme.

Dans ces milliers de lettres, l'humanité de Freud, le soin qu'il met à s'assurer que ses enfants ne manquent de rien, l'immense affection qu'il leur porte, la compassion dont il fait preuve quelles que soient les situations témoignent d'une sincérité jamais prise en défaut. Son humour, sa mise à distance de toute forme de gravité exagérée, la façon qu'il a de toujours s'amuser de lui-même, même lorsque l'heure est grave, que sa santé se dégrade, que les circonstances deviennent tragiques, contrastent avec l'image du grand psychanalyste austère et sévère, assis dans l'ombre du divan où s'allongent ses patients. Ici, jamais le moindre esprit de sérieux, aucune forme de narcissisme. Freud sait qui il est, il n'éprouve pas le besoin d'impressionner ses interlocuteurs, surtout pas ses enfants. Il les aime et les soutient avec pragmatisme, bonne humeur, pudeur et tendresse. Il tente de les aider, affectivement et, très souvent, financièrement. Il cajole, il conseille, il console. Certes, il n'est pas adepte des effusions verbales : jamais il n'étreint, n'embrasse ni ne serre dans ses bras, il n'envoie que de cordiales salutations. Mais ce sont les lettres d'un homme aimant. Un père de famille attentif et généreux.

Lancée à la recherche de Max, c'est Freud que je découvre.

Heinele est rapidement devenu le petit-enfant favori de son grand-père, qui ne s'en cache pas auprès de Max : « Je me languis véritablement de Heinele qui, comme tu le sais, fut depuis le début mon préféré. » Même s'ils ne se voient qu'épisodiquement, son charme, sa malice, son caractère enjoué, son incroyable vivacité ont séduit le cœur de Freud. C'est un enfant à la santé fragile, pourtant rien ne semble altérer sa belle humeur. En plus du souci que causent ses jambes tordues, qui l'obligent à rester attaché des heures durant, puis à porter des attelles, le voilà qui souffre d'une terrible varicelle. Quand Anna vient lui demander comment il se sent, il soulève sa chemise et répond en riant : « Moi ça va, mais demande à mes boutons. »

Heinele se passionne pour le métier de son père et adore lui servir de modèle. Tout fier d'une nouvelle tenue d'hiver, il pose, souriant et la bouche grande ouverte, en manteau bleu marine avec un col en fourrure noire. Quels que soient les clichés de lui, qu'il soit debout nu dans son bain, penché affectueusement près de son frère, assis en train de jouer, ou tentant de faire du vélo, Heinele a une façon très particulière de regarder l'objectif. Il est à la fois intense et gai, extrêmement expressif. Avec ses yeux immenses sous ses cheveux noirs et drus, sa bouche toujours ouverte, son sourire lumineux, il semble dévorer la vie à pleines dents, en toute confiance. Il respire la joie, la sérénité. C'est étrange venant d'un enfant si petit, mais il donne le sentiment d'être pleinement, intensément présent.

En septembre 1922, lors d'une visite à Hambourg, Freud pose avec ses petits-fils dans le studio de Max. Ernst, placé à sa droite, incline tendrement la tête vers l'épaule de son grand-père et lui serre le bras. Freud est assis. Il a passé son bras gauche autour de la taille de Heinele et lui tient la main, tandis que de sa main droite il tient à la fois le bras gauche de l'enfant et un cigare. Sur ce cliché, Freud est différent. Ce n'est pas une photo officielle, cela se voit tout de suite. Il est pourtant en costume gris clair avec toujours ce curieux nœud papillon aplati. C'est le regard qui change. Il n'est pas comme sur les autres portraits, réservé, presque sévère. Sur cette photo il ne cherche pas à convaincre, à impressionner. Il esquisse un début de sourire. C'est la photo d'un grand-père avec ses petits-enfants, qui n'est pas destinée à la postérité.

Heinele, en chasuble blanche, les cheveux courts, presque rasés, pose son bras gauche sur celui de son grand-père, se mordille la lèvre inférieure et sourit. Il a le regard espiègle, mais ce n'est pas cela qu'on remarque. Sa mauvaise santé saute aux yeux. Comparé au visage d'Ernst, celui de Heinele est malingre. Même s'il est toujours d'humeur enjouée, Heinele est constamment souffrant, en proie à des poussées de fièvre élevées et inexpliquées.

Freud est persuadé que l'enfant souffre de carences alimentaires et que les médecins hambourgeois ne lui prodiguent pas les traitements adéquats. Il décide que l'enfant sera mieux suivi à Vienne. Il n'envisage pas pour autant d'installer Heinele chez lui, au 19 Berggasse. Il sait que Martha est trop fatiguée pour s'occuper de lui. En revanche, Robert et Mathilde, sa fille aînée, qui n'ont jamais pu avoir d'enfant, se réjouissent de l'accueillir. Mathilde écrit à Max : « J'espère ardemment être capable de soigner Heinele pour améliorer sa santé. »

Le 1er octobre 1922, Heinele part avec son grand-père à Vienne. Max est tenu informé de la santé de son fils presque tous les jours. « Heinele, charmant, a enchanté oncles et tantes durant le voyage. Il semble très bien se sentir chez Mathilde et Robert, en vrai garnement caractériel qu'il est. Le docteur Rie l'a déjà vu et s'occupera de lui. Mathilde est aux anges avec lui et Robert lui apprend tous les tours possibles. Heinele lui a déjà fait une proposition : "Aimons-nous." »

Enchanté d'avoir désormais Heinele plus près de lui, Freud en fait à son ami Ferenczi le portrait suivant : « Mon petit-fils est l'enfant le plus spirituel de cet âge (4 ans) que j'aie jamais vu. Il est aussi d'une maigreur et d'une fragilité correspondantes, rien que des yeux, des cheveux et des os. »

En mars 1923, Heinele, qui avait contracté une tuberculose l'année précédente, souffre à nouveau de fortes fièvres. Comme Freud l'écrit à Anna le 25 mars : « Heinele a toujours de la fièvre, mais ne donne pas l'impression d'être gravement malade et Rie n'est pas inquiet. Il présente aujourd'hui des gonflements des ganglions du cou. »

Heinele doit subir l'ablation des amygdales. Il est hospitalisé le 19 avril. Le lendemain c'est au tour de son grand-père. Freud subit une intervention chirurgicale autrement plus sérieuse. Ce sera la première d'une longue série : trente-deux opérations durant les quinze années à venir.

Mon père a eu la chance de vieillir sans souffrir d'autres maladies que les désagréments de l'âge : des douleurs aux articulations, une tension trop faible, une sciatique récurrente. Vers la fin de sa vie, on s'aperçut qu'il souffrait d'un glaucome qui était trop avancé pour être soigné autrement que par la chirurgie. Mon père reçut la nouvelle sans sourciller.

Terrifiée à l'idée qu'on touche ainsi à son visage, je lui demandai si cette intervention était vraiment obligatoire, si cela ne l'inquiétait pas. Pour toute réponse, il haussa les épaules en me disant : « *So soll es sein*, cela doit se faire. » Une réponse dans la lignée de cette autre phrase avec laquelle il calmait mes colères, lorsque je m'emportais contre des choses sur lesquelles je n'avais pas prise : « Se battre contre l'inéluctable est une perte d'énergie. »

Je me souviens que ce jour-là, son éternelle sagesse m'a exaspérée.

Il n'était pas rare que, comme ma mère, mon père ait recours à des expressions allemandes qui lui venaient spontanément à l'esprit. Je les ai tellement assimilées qu'elles me conduisent parfois à faire des fautes de syntaxe en français. Ainsi, j'ai souvent remarqué que ma sœur et moi, lorsque nous attendons quelqu'un qui tarde à nous rejoindre, disons impatiemment : « Viens déjà ! », ce qui est une traduction littérale de l'expression allemande *Komm schon* qui devrait se traduire par « Allez viens ! ».

L'opération de mon père se déroula sans aucun problème, et il put reprendre sereinement la lecture de son *Monde* quotidien.

Le glaucome est un mal héréditaire. Cela vient souvent d'une hypertension dans les yeux. Je surveille donc les miens. J'ai depuis longtemps de la tension dans l'œil gauche. Je mets des gouttes. Parfois, la tension devient incontrôlable, alors on change de gouttes et tout redevient normal. Jusqu'à la prochaine crise. Il y a une intervention au laser, en vain. Les rendez-vous chez l'ophtalmologue se font plus fréquents, mes migraines plus présentes. À chaque nouvelle crise on change le traitement.

Fin décembre, il est convenu que j'aille voir un chirurgien dont les soins au laser seraient plus sophistiqués. Début janvier, hélas, il est établi que le laser n'a aucun effet. On multiplie les gouttes, les examens, on ajoute un traitement par voie buccale, rien n'y fait.

Mi-janvier, allongée sur la table d'opération, c'est à mon père que je pense. Je m'en serais volontiers passée, de cette dégénérescence du nerf optique qui nous est commune.

Mais il a eu le courage de ne pas s'en plaindre et je serai sa digne fille. Hélas, après cinq jours, des complications me ramènent sous le bistouri. À nouveau je me tourne vers lui. Je sais que la peur est mauvaise conseillère, mais pourrait-il m'envoyer de bonnes ondes et un peu de son calme légendaire ? Cette fois, les choses évoluent dans la bonne direction. Mon chirurgien m'autorise même à me rendre au festival de Berlin. À mon retour, il constate que mon œil est réfractaire au traitement. Une troisième intervention est inévitable.

J'arrive à l'hôpital après une nuit blanche, à jeun. L'appréhension me fait trembler. Mais j'ai une stratégie. Lorsque je sens dans mon œil les premières gouttes anesthésiantes, je me force à respirer calmement, au rythme du mantra de mon père : « *So soll es sein.* »

Cette fois sera la bonne.

Les conséquences immédiates ne sont pas belles à voir. Sous un cache en plastique, j'ai l'œil douloureux, la paupière enflée, l'iris enflammé et le moral en berne.

Glaucome : glauque home. Voilà ce que ma condition m'inspire. Pour ne pas me laisser aller à mes idées noires, je plonge dans le dictionnaire. En cas d'angoisse, j'aime prendre les mots à la racine. « Glaucome » vient du latin *glaucoma*. Tout en lisant cela, mon œil valide voit, plus qu'il ne la regarde, la ligne suivante. Juste sous « glaucome » figure l'adjectif « glauque ». Une association de mots aussi défaitiste, ça ne s'invente pas. « Glauque », donc, défini ainsi : « Sinistre, qui donne une impression de tristesse et de misère, issu du grec *glaukos*, qui signifie “vert pâle”, d’un vert qui rappelle l’eau de mer. »

L’information est brutale : j’ai un regard dont la couleur est glauque.

Mon moral baisse au rythme de ma vue. Moi qui ai toujours pu compter sur mon énergie, mon enthousiasme, ma capacité à enchaîner les journées sans déprime ni baisse de régime, sans me soucier du nombre de mes années, en deux mois avec ce glaucome, mon âge me tombe dessus.

On se persuade qu’on vieillit doucement, gracieusement, on a même parfois le sentiment de faire illusion, de faire moins que son âge.

Puis survient le jour où il faut se rendre à l’évidence.

En vieillissant, on devient ses parents.

Depuis quelques semaines, quand je me vois dans un miroir, le visage de ma mère se superpose au mien. Comme si j’étais un palimpseste. Une illusion. Une caricature. Le vilain brouillon de sa présence. De son aura. De sa lumière. De son air espiègle. Sur mon visage, la mélancolie a pris le dessus, ce que mon père avait remarqué bien avant moi. Je ressemble à ma mère tout en ayant les caractéristiques du visage de mon père : sa forme ovale et, surtout, comme deux balafres qui partent des narines et descendent vers la mâchoire, deux sillons qui m’encadrent la bouche, désormais flanquée pour de bon de ces deux parenthèses. Mon père portait beau ces rides profondes qui donnaient du caractère à son visage osseux. Sur le mien elles ne font qu’accentuer la fatigue préalablement imprimée par les poches qui soulignent mon regard. Ces yeux qui, glaucome oblige, sont désormais à nu, sans artifice. Aucun cache-misère, pas d'anticernes, nulle poudre miracle. J'ai été cette brune aux yeux verts dont la photo fait sourire mes enfants qui prétendent m'y reconnaître. Aujourd'hui, ce qui distingue mes yeux n'est plus leur couleur, mais leur lassitude.

Dans ma météo intime, le ressenti est violent. Avec cette glauquerie dans l'œil, j'ai le sentiment d'avoir cent ans.

Dès février 1923, Freud sent qu'une boule s'est formée sous sa mâchoire droite. Il redoute un cancer de la peau. C'est effectivement un ganglion cancéreux, mais son dermatologue n'ose pas délivrer la mauvaise nouvelle au grand professeur Freud. Il lui affirme qu'il ne s'agit que d'une tumeur bénigne qu'il sera simple d'enlever. Il préconise tout de même, en vertu du principe de précaution, que le grand homme renonce à ses vingt cigares quotidiens. Freud demande un deuxième avis à son généraliste, le docteur Deutsch, qui lui sert le même mensonge. Freud opte pour l'ablation, mais, désormais rassuré sur la non-gravité de cette intervention, il choisit de ne rien dire pour ne pas inquiéter son entourage. C'est donc escorté du seul docteur Deutsch qu'il se rend à l'hôpital public le 20 avril. On lui promet qu'il sortira le jour même, alors Deutsch se laisse convaincre qu'il peut tranquillement repartir sans attendre que son illustre patient reprenne conscience.

Durant l'intervention, Freud saigne abondamment. À son réveil, il est au bord de l'hémorragie. Il ne peut pas parler, encore moins appeler. Il parvient à appuyer sur le bouton électrique qui sert à faire venir l'infirmière. Mais la sonnette est en panne.

Heureusement, il y a un autre malade dans la chambre. Il s'agit d'un patient nain et simple d'esprit. Il comprend la situation, parvient à descendre de son lit et va chercher de l'aide. Cet inconnu a sauvé la vie de Freud.

Lorsque Freud rentre chez lui, Heinele vient le voir et tous deux comparent leurs états de santé respectifs. Heinele, qui vient d'être opéré des amygdales, interroge son grand-père : « Moi je peux déjà avaler des croûtons. Et toi ? »

Fin avril, Heinele part en convalescence à Semmering, une petite station située à environ mille mètres d'altitude dans les Alpes autrichiennes, à moins de deux heures en train de la capitale. Il se repose, respire l'air de la montagne, semble reprendre des forces. Mais dès qu'il rentre à Vienne, début juin, les poussées de fièvre reprennent, accompagnées cette fois de terribles maux de tête. Les médecins pensent à une fièvre glandulaire.

Le 6 juin, Freud écrit à Max, de la façon la plus légère possible étant donné les circonstances, se risquant même à une pointe d'humour : « Si la fièvre s'avérait être associée à une infection bacillaire miliaire, il y a tout de même 50 % des enfants qui s'en tirent. Le cas serait sérieux, mais il faudrait garder espoir, écrire au père, mais non lui télégraphier. » Comme c'est toujours le cas avec Heinele, la maladie n'affecte en rien son caractère. « Le petit gars est tout à fait indemne sur le plan intellectuel, indescriptiblement charmant, avisé. J'espère que tu es convaincu qu'on fait tout pour lui. Désormais, tu recevras chaque jour une nouvelle de Math[ilde] ou de moi. Nous partageons tous les soucis. »

Anna s'est installée chez Mathilde et s'occupe de Heinele jour et nuit. Elle se montre bien plus alarmiste que son père auprès de leur amie Lou Andreas-Salomé : « Heinele est gravement malade. Les médecins le croient perdu. On pense que c'est une tuberculose miliaire. Les premiers signes cérébraux se sont manifestés hier. Nous avons prévenu son père. »

Max est au chevet de son fils le 10 juin. Le lendemain, Freud confie son inquiétude à ses amis Kata et Lajos Lévy : « C'est un enfant absolument enchanteur et je ne me souviens pas d'avoir jamais aimé un autre être humain, et sûrement pas un enfant, à ce point. C'est un de ces enfants dont la maturité se développe extrêmement rapidement, aux dépens de sa santé. Je croyais qu'à Hambourg il manquait des soins nécessaires. Mais à présent, il est certain qu'il est atteint de tuberculose miliaire et que cet enfant est perdu. Il est maintenant plongé dans le coma. Par moments, il reprend conscience et il redevient tellement lui-même qu'il est inimaginable d'accepter son état. Mais ensuite, il se rendort et le coma revient. Son père est arrivé hier. Les médecins disent que l'enfant n'en a plus que pour une semaine. Je trouve cette perte terriblement difficile à accepter. Je travaille par pure nécessité. Fondamentalement, plus rien n'a de sens pour moi. »

Heinele décède le 19 juin 1923, à l'âge de quatre ans, des suites d'une méningite tuberculeuse.

Freud écrit à son ami le docteur Rie : « Cet enfant représentait le futur pour moi, donc le futur a disparu avec lui. » Il attend le 7 juillet pour écrire à Max : « J'ai passé quelques-uns des jours les plus noirs de ma vie, plongé dans le deuil de cet enfant. J'ai fini par me ressaisir et je peux maintenant penser à lui sans larmes. Toutes les consolations raisonnables ont tourné court ; je n'ai eu de recours que dans un argument à moi seul ajusté : à savoir qu'à mon âge je n'aurais de toute façon pas vu grand-chose de lui. »

Loin de tenter de soutenir un père qui vient de perdre son enfant, aux antipodes de sa sollicitude lors de la mort de Sophie, Freud se montre étonnamment indifférent au chagrin de Max : « Je suis forcé de croire que tu n'as pas appris à le connaître comme nous. En effet, à Hambourg, il était trop petit, et l'éternelle rivalité avec le frère aîné a brouillé l'image. Ici, il s'était développé de manière ravissante et l'on ne pouvait que qualifier de géniale la manière dont il apprenait à comprendre et à conquérir le monde et les gens autour de lui. Il reste ainsi un doux souvenir sans mélange pour tous ceux qui l'ont connu. »

Freud est inconsolable et le restera, comme en témoigne la lettre qu'il adresse trois ans plus tard à un ami, Ludwig Binswanger, dont le fils est décédé d'une méningite tuberculeuse à l'âge de huit ans : « J'ai perdu ma fille chérie lorsqu'elle avait vingt-sept ans. Mais j'ai remarquablement bien supporté cette perte. En 1920, nous étions épuisés par les malheurs de la guerre, et après avoir tenté de nous préparer, des années durant, au décès d'un ou de plusieurs de nos fils, nous étions en quelque sorte résignés à ce que le destin nous réservait. Mais deux ans plus tard, j'ai emmené le plus jeune fils de ma fille, un gamin de trois ans et demi, à Vienne, et il y est mort de tuberculose miliaire. Il était très en avance intellectuellement. Depuis sa mort, je ne trouve plus aucun plaisir à l'existence. C'est cela le secret de mon indifférence, que d'autres qualifient de courage, quant aux inquiétudes concernant ma santé. »

À Ernest Jones, un collègue, qui perd sa fille de sept ans en 1927, Freud écrira : « Il y a une connexion entre mon petit-fils et votre fille. Lui aussi était d'une intelligence supérieure, d'une grâce spirituelle indescriptible et il disait souvent qu'il allait mourir bientôt. Comment ces enfants le savent-ils ? »

Je ne trouve aucune information sur l'enterrement de Heinele. J'ignore s'il repose à Vienne ou si son corps a été rapatrié en Allemagne pour être inhumé aux côtés de sa mère à Hambourg. Je n'ai aucune idée de la façon dont se déroule le quotidien de Max dans les jours qui suivent. Combien de temps reste-t-il en Autriche ? Comment, trois ans après avoir perdu sa femme, fait-il face à ce nouveau drame ? Lui qui est sujet à la dépression suite à sa blessure à la tête, voit-il ce deuil objectivement comme une conséquence indirecte de la malnutrition, des carences dont souffrait Sophie lorsqu'elle était enceinte de Heinele, né pendant la guerre ? Ou bien a-t-il le sentiment que le ciel, le destin, la fatalité ou une autre forme de malédiction s'acharne sur lui ? Lui qui n'est pas religieux, vers quoi, vers qui se tourne-t-il pour survivre, pour tenir chaque jour jusqu'au lendemain ?

J'espère qu'il aura eu quelqu'un à ses côtés, sa belle-sœur peut-être, pour l'aider à faire ce qui est concrètement le pire : trier les affaires du défunt. En l'occurrence, des habits et des jouets. Chaque tenue évoque un souvenir, chaque jouet convoque une image. Et puis il y a cette odeur de l'enfance. Une odeur de sucre, de lait et d'amande, qui imprègne tiroirs et placards. Il faut vite la faire disparaître, parce qu'elle fait instantanément sauter la digue qui retient toutes les larmes. Et pourtant, comme on souhaiterait pouvoir l'enfermer dans un flacon qu'on enfouirait au fond d'un coffre dont nul autre ne posséderait la clé, pour en imprégner ses souvenirs quand ils seraient enfin devenus moins douloureux.

Je pense aussi aux innombrables photos de Heinele, l'enfant radieux qui adorait se déguiser et faire le pitre sous l'objectif de son père. Max a-t-il le courage d'en faire un album, comme un mausolée à son fils, ou bien préfère-t-il ne plus les voir ? Les sort-il de leurs cadres en argent pour les ranger en vrac dans un tiroir ?

Comment Max tient-il debout ? Il n'est pas rare de

constater que la mort d'un enfant conduit ses parents à se séparer, mais que dire alors de la peine du père ou de la mère qui doit assumer seul(e) ce deuil ? Comment cet homme solitaire, presque secret, va-t-il vivre désormais avec pour seule compagnie celle d'un fils qui lui est hostile ?

Pendant que son père fait face à ce nouveau drame, quelles sont les pensées qui tourmentent Ernst ? Lui à qui on répète depuis des années qu'il est un enfant difficile, comment peut-il ne pas se dire qu'autour de lui tout le monde aurait préféré que ce soit lui qui décède, plutôt que Heinele, ce gamin fragile et gai qui incarnait aux yeux de tous l'enfant parfait ? Après la petite balançoire que son père avait fixée au chambranle de sa porte, quel moyen Ernst trouve-t-il cette fois pour absorber ce deuil ?

Il reste des heures durant sur le grand balcon de l'appartement, à faire tourner une toupie en bois. Il préfère la surface lisse de la chaussée, sur laquelle sa toupie tourne mieux, mais on lui a interdit de descendre seul dans la rue. Alors il passe ses journées accroupi sur la terrasse, à tirer sur la ficelle pour que le jouet tourne encore plus vite. Comme la robe de sa mère quand elle valsait en le serrant contre elle ?

Aux dires de tous, Ernst se montre serein et n'évoque pas son frère. Il ne prononce plus jamais son prénom. Comme il l'a fait après le décès de sa mère, il enfouit son deuil en lui et ne le partage avec personne.

Comment survivre à ce cadet dont il était tellement

jaloux ? Une question qu'il pourrait évoquer avec son grand-père, lui qui éprouva une jalousie violente envers Julius, ce petit frère venu lui disputer l'amour de sa mère et qui décéda quand Freud avait à peine deux ans. De la même façon, on peut dire qu'Anna survécut à la belle Sophie, sa sœur, après des années d'une jalousie féroce. Tous trois ont en commun cette culpabilité d'avoir un jour pensé : « Si seulement l'autre, le frère, la sœur, n'était plus là… » Tous trois ont vu leur vœu inavouable être exaucé par un destin moqueur qui les nargue désormais : « Alors ? Maintenant que tu as satisfaction, ta vie en est-elle meilleure ? »

Comment Max peut-il reprendre le fil de sa vie en miettes et sauver ce qui peut l'être ? Comment parvenir à apprivoiser un enfant de neuf ans qui a instauré entre eux une distance qui semble infranchissable ? Max choisit la seule échappatoire qui s'offre à lui et à eux deux. Il se remarie.

J'atterris à Hambourg un froid matin de novembre. Longeant le terminal, un grand panneau gris affiche, en lettres blanches, une phrase en allemand et en anglais : « Telle qu'elle est située, entre l'Elbe et l'Alster, Hambourg est selon moi la plus belle ville d'Allemagne. » Une citation de Goethe, de Heine ? Je me rapproche pour mieux distinguer la signature. Il s'agit d'un Allemand dont la célébrité ne doit rien à la littérature et dont le monde entier connaît la silhouette : Karl Lagerfeld. Il fut aussi un très bon photographe de mode. Une spécialité qui n'existait pas du temps de Max.

Toutes les voitures sont immatriculées HH, le premier H signifiant *Hansestadt*, ville hanséatique, en référence à une association des villes marchandes du Nord dissoute depuis des siècles mais dont Hambourg se revendique toujours. L'eau est omniprésente. La ville est traversée de canaux bordés par de somptueux bâtiments gothiques en brique rouge, et ponctuée de multiples jardins. Le ciel est bleu roi, le froid mordant et l'hôtel où je passe déposer ma valise flambant neuf. J'ai rendez-vous au cœur du Grindel, l'ancien épicentre de la communauté juive, un quartier largement en voie de gentrification, comme en témoignent un magasin bio, une boutique de cigarettes électroniques et un café branché.

L'école juive où je me rends est flanquée à sa gauche d'une guérite qui abrite deux policiers armés. Au troisième étage d'une aile où j'hésite à m'engager, tellement elle semble désaffectée, une grande pièce est allumée au bout du couloir. C'est l'antre du responsable de l'unique bureau de généalogie qui soit consacré aux Juifs dans toute l'Allemagne. Celui qui le dirige, Jürgen Sielemann, se lève pour m'accueillir. Âgé mais pas voûté, frêle et digne, il me salue d'une main dont il tente de contenir le tremblement. Il a des doigts de pianiste, fins et noueux, une allure d'aristocrate d'un autre siècle, à l'image de sa veste en velours sombre élimée mais agrémentée d'une pochette en soie verte.

Comme le montrent les registres déjà ouverts à mon intention, aucune branche polonaise n'apparaît dans la famille de Max, dont tous les membres sont nés en Allemagne. Si tous les Halberstadt forment une seule et même famille, Max et mon père n'ont en commun, en dehors du nom, que le fait d'être juifs et descendants d'une lignée de rabbins.

Quant à Sophie Freud, il ne subsiste quasiment aucune trace de sa vie à Hambourg. Quelques tampons sur sa carte de pain attestent de ses déplacements entre

Hambourg et Vienne durant la première guerre. Les registres de l'époque contiennent son certificat de mariage avec Max, son certificat de décès établi par le médecin légiste, la déclaration officielle de sa mort signée par son frère aîné Oliver.

Nous évoquons le remariage de Max avec Bertha. De sa fenêtre M. Sielemann désigne la place Joseph-Carlebach que je viens de traverser. Vus d'en haut, les pavés composent une immense mosaïque en souvenir de l'unique synagogue de la ville. C'est là qu'en 1923 Max Halberstadt accepta d'épouser Bertha selon le rite juif orthodoxe. Je m'étonne de n'avoir jamais trouvé aucun document la concernant. M. Sielemann me regarde longuement puis se tourne vers le clavier de son ordinateur et, tout en tapant méticuleusement de ses deux index, me demande si je serais disponible le lendemain après-midi pour me rendre avec lui aux archives d'État. Il continue de taper, appuie sur « Envoyer », se lève pour me proposer un verre d'eau. Il est à peine revenu s'asseoir que sa boîte mail signale déjà l'arrivée d'une réponse. « L'efficacité allemande ! » sourit-il d'un air entendu. Il saisit un bloc, écrit un numéro, une adresse, arrache la feuille et me la donne. « Demain à quatorze heures, nous pourrons consulter le document 19634. Après le décès de Max, Bertha a tenté d'obtenir réparation du gouvernement allemand, pour avoir été forcée d'émigrer avec son mari. Elle a constitué un dossier qui figure aux archives. Il y a peut-être des informations là-dedans. Nous verrons bien ! » Il coupe court à mes remerciements.

« J'apprécie l'occasion de donner une raison d'être à toute cette paperasse. »

Avant de le saluer, j'ai une dernière question à lui poser : sait-il où Sophie Freud est enterrée ? La réponse m'arrive par mail le lendemain matin et elle tient en un numéro : C9 326. C'est la référence de sa tombe au cimetière d'Ohlsdorf. « Allez-y en voiture, sinon vous allez y passer des heures. »

Je lis sur Internet qu'avec ses quelque quatre cents hectares, ce cimetière est le plus grand d'Europe et que près d'un million et demi de personnes y sont enterrées. Je trouve un index pour consulter le numéro des tombes, ainsi qu'une liste des célébrités qui y reposent. Malgré le prestige de son nom de jeune fille, Sophie n'y figure pas.

Le vent est glacial et le cimetière est loin. J'arrête un taxi. Le chauffeur, dont l'abondante crinière blanche est visible sous une casquette en tweed, a la soixantaine joviale mais il ne parle pas l'anglais. Je lui donne l'adresse d'Ohlsdorf, et aussitôt il s'inquiète : « C'est pour quelle heure ? Il y a des travaux, ça va prendre au moins quarante minutes. » Je mets du temps à comprendre qu'il croit m'emmener à un enterrement. Je pense le rassurer en expliquant que je vais visiter une tombe mais rien n'y fait : mon chauffeur est de nature anxieuse. « Vous savez précisément où elle se trouve ?

– Oui, j'ai une lettre et un numéro. » Visiblement, ça ne l'apaise pas. « On risque de tourner en rond durant des heures, il faut aussi connaître la zone. » Aussitôt, il allume son kit mains libres, contacte son central d'appel, se procure le numéro des renseignements du cimetière et le compose sur-le-champ. Tout cela résonne à plein volume dans la Volkswagen jaune. J'essaye de lui dire que je ferai tout cela à mon arrivée, mais j'ai perdu le contrôle de la situation. Ce n'est plus ma course, désormais, c'est la sienne. Il décline les informations que je viens de lui donner : le numéro de la tombe, le nom de famille et l'année du décès. Au bout du fil, l'interlocutrice est formelle : rien ne correspond à ce qui figure dans ses listes. Elle conclut : « Venez me voir en arrivant, *persönlish*, personnellement. » D'une main, mon chauffeur note son identité. Il est aussi excité que sa correspondante, devant ce qui s'annonce comme une énigme palpitante.

Une fois passé les immenses grilles du cimetière, une imposante bâtisse en pierre se dresse devant les visiteurs. C'est là que sont situés cafétéria et renseignements. Le chauffeur m'ouvre la portière, referme la voiture à clé et m'emboîte le pas. À peine avons-nous franchi le seuil qu'une petite dame entièrement dévouée à la couleur rouge, de ses chaussures à la monture de ses lunettes, en passant par son tailleur, nous fait signe : « C'est moi que vous avez eue en ligne. » Elle ne me laisse pas dire un mot : « Cela ne va pas du tout, vos informations, ça ne correspond à rien, il manque une lettre, et puis c'est quoi l'année de décès ? 1960 ? » J'explique que c'est bien antérieur. « 1920 ? Alors il faut que je descende aux archives. » Elle fait demi-tour, nous laisse plantés là. Le chauffeur cherche ses cigarettes dans son blouson fourré. Il n'a pas le temps de sortir fumer, elle est déjà de retour. « Je ne trouve rien. Il nous faut la zone. » Le chauffeur hoche la tête dans ma direction, il m'avait prévenue. Hélas, l'ordinateur de M. Sielemann n'a pas fourni cette information qui, je le découvre, semble cruciale. J'insiste : « Il s'agit de la fille de Freud. » La petite dame en rouge m'interrompt, définitive : « Si j'avais un Freud ici, je le saurais ! C'est moi qui suis en charge des personnalités. »

Tandis qu'elle me toise avec impatience, je me creuse la tête, je ne sais plus quel indice lui donner. Soudain j'ai l'idée d'apporter une précision pourtant évidente : « Il y a peut-être une zone réservée aux tombes de confession juive ? » Un ange passe. La petite dame est estomaquée : « Parce que Freud, c'est juif ? » J'ai du mal à garder mon sérieux. Mes deux acolytes sont dépités. Je sens qu'ils m'en veulent. Je viens de ruiner leur chasse au trésor. J'aurais dû commencer par là, pour leur éviter de s'investir en vain. « Il faut ressortir », dit la petite dame. J'insiste : « C'est bien à Ohlsdorf ? » Elle a un petit rire. « Oui, enfin... c'est ce qu'on dit, mais cela n'a rien à voir. » Elle est sortie sur le perron et grelotte dans son tailleur rouge. Désormais, elle ne s'adresse plus qu'au chauffeur de taxi : « Vous tournez là et quand vous passerez le Rio Grande, ce sera à gauche, à cinq cents mètres. »

Effectivement, deux rues plus loin, au coin du grill-bar-restaurant Le Rio Grande, une petite allée conduit à un autre cimetière, adossé à Ohlsdorf, avec pour toute identité ces mots inscrits sur un panneau invisible depuis l'artère principale : « Cimetière juif ».

Devant nous des allées sont fléchées et je m'y aventure à pied. Mon chauffeur m'emboîte le pas. Je me passerais volontiers de sa compagnie, mais je sens qu'il s'inquiète et, après la fin brutale du jeu de piste précédent, je n'ai pas le cœur à le congédier.

Je me retrouve dans une forêt à l'abandon après un cataclysme. Le contraste est poignant avec les allées et les massifs manucurés du grand cimetière. Ici, le temps s'est arrêté. Aucune tombe ne semble entretenue ou visitée. Les pierres tombales ont toutes disparu sous le lierre. Seules les stèles sont encore visibles, plus ou moins vacillantes, certaines brisées, à peine lisibles. Après quinze minutes à arpenter en vain ce lieu de désolation, je me résous à aller demander de l'aide. Cette fois il n'y a pas de maison imposante à l'entrée, juste un baraquement en bois.

À l'intérieur, une scène digne d'un film américain des années cinquante. Deux hommes en chemise à carreaux se font face, dans un bureau qui n'a pas connu un balai depuis des lustres. On ne voit plus rien à travers les carreaux. L'ordinateur portable allumé devant un gars coiffé d'un stetson semble incongru. Ici, pas de sous-sol où chercher les archives. Elles figurent à droite de l'ordinateur, dans un tiroir ouvert sur de petites fiches manuscrites de bibliothécaire. L'homme au chapeau ne s'émeut pas lorsque le chauffeur de taxi précise qu'il s'agit de la fille de… Il trouve la fiche, se lève et désigne à son collègue un emplacement, en bas à gauche, sur l'immense carte des lieux jaunie par le temps, déchirée sur les côtés, qui recouvre le mur derrière lui. « Hans va vous emmener. »

Nous sommes trois désormais. Hans a posé une casquette noire sur son front dégarni. Il a la toux grasse et le souffle court des fumeurs de brunes. Il chemine poussivement, d'un pas lent, ce qui ajoute un peu de solennité à notre procession. Il prend une allée que nous n'avions pas vue, bien plus à droite que celles que nous avons arpentées. « L'allée C débute ici. »

Je me lance en tête. En vain. Je ne trouve rien. Derrière moi, Hans a lâché l'affaire et s'est arrêté pour partager une pause cigarette avec mon chauffeur. Il ne me reste plus qu'un dernier périmètre à parcourir.

J'ai peur de ne pas trouver.

Sur ma droite, mon regard est attiré par une vasque en pierre, en forme d'urne grecque, surplombant une tombe.

Son nom est gravé sur la stèle. Il est à peine lisible. À côté des dates civiles figurent les années correspondantes du calendrier juif.

Sophie Halberstadt
née Freud
12 avril 1893 – 5653
25 janvier 1920 – 5680

Je l'ai retrouvée et c'est comme si, en se révélant, elle validait mes recherches.

« Sophie, mon enfant du dimanche », comme Freud aimait appeler sa fille préférée.

Sophie, le grand amour de Max.

Sophie, la beauté de la famille.

Sophie, décédée à vingt-six ans, après sept ans de mariage.

Sophie, partie trois ans avant Heinele, enterrée si loin de lui.

À l'entrée de mon village, près de Paris, adossé à l'église où aucune messe n'est plus célébrée, se trouve un petit cimetière comme il en existe partout en France. Une centaine de tombes, dont plusieurs sont à l'abandon. À part celle d'une comédienne célèbre qui reste constamment fleurie par ses admirateurs, la plupart ne sont visitées qu'une seule fois par an, le 1er novembre, comme en témoigne la nuée de chrysanthèmes qui soudain parfume l'air et colorie les pierres. J'évite d'y aller ce jour-là, puisque, habitant à un kilomètre, j'ai tous les autres jours à ma disposition.

Je m'y rends le samedi, soit le matin au moment du marché, soit l'après-midi à l'heure du sport, du goûter ou de la sieste. J'aime y être seule, pouvoir parler, chantonner, implorer, soliloquer, ou bien ne rien dire, simplement enlever les fleurs fanées, changer l'eau, déposer une nouvelle pierre. Parfois, je passe en coup de vent, juste pour faire la bise, dire que je pense à toi.

Hier, l'air était anormalement doux. J'ai eu envie de

traîner. Au lieu de prendre l'allée à gauche du portail qui mène directement à toi, je suis entrée par celle de droite. J'ai pris le temps de regarder les autres pierres tombales. C'est ainsi que j'ai remarqué pour la première fois une dalle de marbre gris sur laquelle un croissant musulman est gravé avec, dessous, une simple date : 1999. Un autre nouveau-né. Mort dans l'année. Dix ans après toi. Sur ta tombe figurent le jour de ta naissance et celui de ta mort. Il y a la trace du temps que tu as passé sur cette terre. Soixante-douze jours et autant de nuits. Même en les additionnant, cela fait trois mois à peine, le temps d'une saison. Tu auras respiré l'air d'une fin d'été florissante et celui d'un beau début d'automne. Sur cette tombe musulmane, rien de tout cela n'est indiqué.

Depuis plusieurs années, à ta droite, a pris place un jeune homme, un adolescent. Il venait d'avoir seize ans. Il avait emprunté la moto d'un copain, il ne portait pas de casque. Il a pris le virage juste derrière la maison, celui qui forme un coude, mais on ne s'en rend compte qu'au tout dernier moment. Il s'y est engagé trop vite. Il est mort sur le coup. Je me souviens des ambulances, de la route barrée durant vingt-quatre heures, du nouveau panneau installé à la hâte dans les semaines qui ont suivi.

C'est idiot, mais cela me réconforte de te savoir en compagnie d'un nourrisson qui avait à peu près ton âge et d'un garçon à peine sorti de l'enfance. Vous êtes tous les trois enterrés sur la même ligne, qui compte moins de dix tombes. Celle de l'adolescent est bien entretenue. Même si les fleurs qui ornent sa pierre sont artificielles, leurs couleurs criardes apportent un peu de gaieté à tes côtés, surtout que l'homme enterré à ta gauche n'a quasiment jamais de visiteurs, sa tombe rose était déjà décrépite le jour de ton enterrement et les deux pots de fleurs en plastique qui sont disposés à ses pieds se renversent au moindre coup de vent. Au bout de l'allée à ta droite, la pierre ornée d'un croissant est déjà à moitié envahie par le lierre. Lors de mes visites suivantes, parfois, rarement, je verrai un petit bouquet de fleurs blanches posé juste sous la date. J'apprécie que, comme moi, celui qui rend visite à ce nourrisson se cantonne à cette couleur. S'agit-il d'une fille ou d'un garçon ? Je l'ignore, il est écrit : « Ange ». Est-ce un prénom ou un destin ? Quand je parlais de toi à ta grande sœur, dans les années qui ont suivi ton départ, je lui disais que tu étais son ange gardien. J'aime que ces deux confessions, musulmane et juive, soient réunies dans ce cimetière catholique.

Je pense à Heinele et cela me serre le cœur. Il est certainement enterré à Vienne, dans ce cimetière juif où quasiment toutes les tombes ont été détruites, auquel on ne peut accéder qu'en traversant une maison de retraite auprès de laquelle le cimetière fait office de jardin et où il est aujourd'hui dangereux de se rendre car personne, ni le directeur des lieux ni la mairie, ne veut prendre la responsabilité d'en élaguer les arbres. Y a-t-il un seul descendant de la famille Freud qui se souvienne encore du petit garçon de Sophie et Max ? Quelqu'un allume-t-il une bougie, comme le veut la tradition juive, le jour anniversaire de sa mort et la veille des fêtes, afin d'honorer la mémoire de cet enfant tellement vivant, tellement joyeux ?

Tu n'as jamais été en assez bonne santé pour être aussi gaie, mais quand je fredonnais la comptine que j'avais inventée pour toi, tu souriais immédiatement, comme par réflexe. La reconnaissais-tu pour l'avoir entendue depuis mon ventre avant de naître ? Dès que je la chantais, tout ton visage s'illuminait et ton sourire avait enfin raison de ta terrible pâleur, durant quelques secondes seulement. Tu avais un visage ovale, de grands yeux encore bleus et le nez le plus parfaitement dessiné que j'aie jamais vu de ma vie. Tu n'imagines pas à quel point tu m'as transformée. Tu as emporté ma jeunesse, ma naïveté, ma légèreté, mon insouciance. Tu m'as appris à ne plus gaspiller le temps, à apprécier chaque aube qui se lève. Tu m'as mise à terre et si, après toi, j'ai pu me relever, peut-être m'as-tu rendue indestructible ?

Grâce à toi, je sais que je ne fumerai plus. Si, après t'avoir perdue, j'ai réussi à ne pas me remettre à fumer, parce que je refusais que quoi que ce soit puisse me procurer du réconfort, alors aucun événement dans ma vie ne justifiera plus jamais que je fume à nouveau. Tu as mis à l'épreuve ma volonté et mes limites. Tu as façonné ma vie d'après toi. Tu vis en moi, autant que ta grande sœur et ton petit frère. Quand on me demande combien j'ai d'enfants, j'ai toujours une seconde d'hésitation. Je voudrais répondre : « Trois » mais personne ne comprendrait ce que je n'ai pas envie d'expliquer. Les morts ne sont pas évoqués au même titre que les vivants. Cela ne se fait pas. Cela ne les empêche pas d'être présents.

Tu es ma compagne de l'ombre.

Je t'ai assigné une fonction : être la sentinelle de ton frère et de ta sœur. Tu n'es plus parmi nous. J'ai fini par l'admettre. Mais je t'ai confié une mission, que je te rappelle à chacune de mes visites. Tu dois les protéger. Épargne-les. Épargne-moi.

Bertha Katzenstein est née en 1897, quinze ans après Max, dans une famille juive orthodoxe pratiquante. Elle est l'aînée d'une fratrie de quatre. La famille vit à Duisbourg, en Rhénanie du Nord. Bertha suit une formation d'enseignante en maternelle, qu'elle est contrainte d'abandonner pour aller aider son père qui tient un commerce dans une ville voisine. Après la guerre, Duisbourg est occupée par les Français comme toute cette partie de l'Allemagne. La vie est difficile. Ses parents la poussent à partir chercher du travail à Hambourg, où des cousins peuvent l'héberger.

Ernst, qui vient de quitter un établissement à l'ancienne, tenu par deux vieilles dames adeptes du châtiment corporel systématique, démarre une nouvelle saison scolaire dans une école plus petite qu'Anna a choisie car elle apprécie la directrice, une femme d'une quarantaine d'années dont l'approche éducative est plus humaine. Cette femme fait appel à sa nièce pour l'assister. Il s'agit de Bertha. Elle se prend d'affection pour Ernst, qui s'entend très bien avec elle. Rapidement, Max lui propose une place de gouvernante. Elle entre à son service en septembre 1923. Elle l'épouse en novembre.

Ernst, qui six mois plus tôt voyait en elle une « nouvelle maman », réévalue leurs rapports à l'aune de ce mariage et se persuade qu'elle ne lui a accordé de l'attention que dans le but de séduire son père. Il ressent ce mariage comme « une trahison ». C'est le terme qu'il emploie dans sa biographie. Il ajoute : « Elle l'a épousé lui, plutôt que moi. Cela m'a rendu malade. »

Bertha est une jolie brune au visage rond et tranquille, aux yeux marron, aux cheveux bruns tirés en chignon. Sur les clichés pris par Max, il émane d'elle une douceur rassurante. Avec son teint laiteux, sa peau très fine, ses formes rondes, elle a le physique d'une héroïne bergmanienne. Mais elle n'a pas la beauté de Sophie. Elle n'a pas non plus sa vivacité ni son esprit. Bertha est dénuée de fantaisie. Elle croit à la rigueur, à la discipline, et veille à transmettre les principes qui lui ont été inculqués : respect, sens du devoir, volonté, travail. Avant tout, c'est une femme aimante, attentionnée, admirative du travail de Max et désireuse de créer un foyer harmonieux.

Je suis persuadée que l'affection que lui portait Ernst a beaucoup pesé dans la décision que prend Max de se remarier. Cet homme que la guerre puis les deuils ont brisé aspire à une vie tranquille. Il a besoin d'une femme pour s'occuper de lui, d'une mère pour apaiser Ernst. Bertha est entrée dans leur vie au bon moment.

J'ai trouvé la photo du banquet de ce remariage. Nous sommes le 20 novembre 1923. Le repas n'a pas commencé. Les serviettes ne sont pas dépliées, les verres à pied sont encore vides. Il y a des fleurs séchées en bouquets sur la longue nappe blanche. Les nouveaux époux sont assis côte à côte, au centre de la table. À quarante et un ans, Max en fait plus de cinquante. Il est marqué, son visage s'est creusé. Ses cheveux commencent à blanchir, sa barbe est grisonnante. Il a gardé sa belle allure, mais son regard doux est celui d'un homme hanté. Il semble un peu emprunté dans son beau costume gris. Il a passé son bras gauche derrière Bertha, qui porte un châle fleuri sur un corsage à grand col blanc. Elle regarde en direction du photographe avec curiosité. Elle a dû bouger car son visage est un peu flou.

Si Max a pu craindre la façon dont Freud réagirait à cette annonce, une lettre de son beau-père le 25 octobre se montre rassurante : « Je ne veux pas différer de t'adresser mes cordiales félicitations pour le changement que tu projettes et dont nous attendons tous une nouvelle vie pour toi et l'enfant. Transmets les salutations à ton élue et sois assuré de mes sentiments cordiaux inchangés. » Il réitère ses vœux le 3 décembre, dans un mot qui en dit long sur le rôle de la femme au sein du foyer dans les années vingt : « Nous avons appris avec une grande satisfaction que tu es remarié, que tu as une maîtresse de maison et une compagne, ainsi qu'une éducatrice maternelle pour Ernst. Pendant dix ans, tu as été notre fils, et un tendre fils, comme nous te l'attestons volontiers. Il en restera nécessairement quelque chose aussi pour l'avenir. Nous portons en pensée le meilleur pronostic sur ton jeune ménage, car quiconque fut une fois heureux en mariage l'est facilement à nouveau. Nous espérons que se développeront des relations cordiales quand nous en viendrons à faire la connaissance personnelle de ta jeune femme. »

À partir de l'année 1924, Ernst est au centre des préoccupations de Max et de son grand-père. Quelques mois après le remariage de son père, il développe quelques signes inquiétants qui rappellent la fièvre glandulaire dont souffrait son petit frère. En septembre, il va mieux et réussit l'examen d'entrée au *Gymnasium*, l'équivalent allemand du lycée. Mais un début de tuberculose conduit les médecins à préconiser un séjour au sanatorium, une suggestion que Freud prend très à cœur : « Grand-père gagne encore tellement d'argent qu'il sentira à peine la dépense. Ernst est le seul bien qui nous soit resté de Sophie, et c'est pourquoi il doit avoir ce qu'il y a de meilleur. »

Max fait le voyage avec Ernst dans les Alpes suisses et l'installe à Arosa, en face de Davos. Là, l'enfant passera six mois loin des siens. Dans sa valise, il a rangé son nouveau jouet, dont il ne se sépare plus depuis décembre, et qui a remplacé la toupie : un kaléidoscope. Une réminiscence de la lunette photographique derrière laquelle son père cache souvent son regard ? Une façon d'apporter des couleurs à des jours trop ternes ? Ernst se plaît beaucoup en Suisse. Il fait de longues marches en montagne. Il apprivoise les écureuils qui viennent manger du chocolat dans sa main. Il construit des châteaux de glace et des bonhommes de neige.

C'est là, quelques semaines après son onzième anniversaire, qu'il apprend la naissance de sa demi-sœur, Eva. Dans sa biographie, il raconte que c'est en rentrant d'une descente en luge qu'il a reçu le télégramme lui annonçant la nouvelle. En revanche, il affirme n'avoir aucun souvenir de ce qu'il faisait, ni d'où il était, lorsqu'il a appris la mort de son petit frère.

Freud salue cette naissance en écrivant à Max : « J'espère qu'avec cet enfant, Ernst réparera l'envie qu'il concevait à l'égard de Heinele par une grande tendresse. Que tu aies une fille me plaît particulièrement, pas seulement à cause de toi et d'Ernst, mais aussi, n'en sois pas choqué, à cause de la mémoire de Heinele. Ainsi, ce cher enfant reste encore plus longtemps non remplacé. »

À partir de là, les courriers que s'échangent Freud et Max seront presque exclusivement consacrés à Ernst, dont Anna continue à s'occuper inlassablement. Freud verse de l'argent à Max tous les mois, afin de payer les frais qu'occasionnent les séjours de plus en plus fréquents du petit garçon en Autriche. Parallèlement, Freud veille à faire respecter le monopole de Max sur les photos qui paraissent de lui. Pendant les dix années qui suivent,

Freud tient plusieurs rôles : grand-père, beau-père, trésorier, conseiller, et quasiment tuteur de son petit-fils.

Même s'il a des difficultés à s'entendre avec Ernst – « Sa présence ne me console nullement de la perte de son petit frère », écrit-il souvent –, il se sent en charge d'âme. Petit à petit, leurs rapports se normalisent. Anna et Freud emmènent Ernst passer l'été avec eux à la montagne. Freud et son petit-fils se découvrent une passion commune pour l'archéologie, notamment les fossiles. Durant leurs promenades, le professeur a toujours dans sa poche un petit burin afin de détacher plus facilement de la pierre leurs trouvailles. Ils ont tous les deux une prédilection pour les ammonites et Ernst entame une collection. Dès le retour des pluies, ils partent tôt le matin en forêt chercher les champignons dont le grand homme raffole. C'est devenu une tradition familiale. Enfants et petits-enfants sont réquisitionnés. Freud les conduit vers l'endroit qu'il sera allé repérer la veille lors d'une promenade préparatoire à laquelle Ernst est fier d'être convié. Chaque participant se voit attribuer une zone à examiner. La cueillette est assortie de règles strictes que l'organisateur rappelle avant chaque battue : ne pas parler fort, faire le moins de bruit possible, bien plier sous son bras le sac qu'on espère remplir. Il s'agit, selon le professeur, de « ne pas se faire remarquer par les champignons ». Quand il trouve un spécimen qu'il estime digne de son intérêt, il le couvre de son chapeau, comme s'il cherchait à immobiliser un papillon, et fait de grands signes alentour pour que tous viennent admirer sa découverte. À la fin de la cueillette, on examine les sacs de chacun. Les enfants sont rémunérés de leurs efforts par quelques centimes, voire un florin s'il s'agit d'un champignon exceptionnel. Ernst est réputé pour son talent à trouver les meilleures espèces.

Malgré ses soucis de santé, Freud continue à faire de longues randonnées à pied durant ses vacances à la montagne. Ernst, qui en a développé l'habitude et le goût pendant son séjour en Suisse, l'accompagne volontiers. Ils reviennent les bras chargés de plantes rares et de fleurs sauvages. Freud l'emmène en excursion, pour visiter une célèbre réserve de marbre naturel située près de Salzbourg, à quelques kilomètres du village où Hitler fera bientôt construire son Nid d'aigle. L'endroit est surnommé le Moulin de marbre et Ernst conservera jusqu'à sa mort le petit cendrier marbré couleur émeraude que son grand-père lui a offert en souvenir.

Lorsqu'ils se retrouvent à Vienne, l'hiver après dîner, ils s'installent de part et d'autre d'une table couverte de livres, chacun muni d'un coupe-papier, et travaillent à couper les pages des innombrables volumes qui arrivent presque quotidiennement au 19 Berggasse. Quand ils sont séparés, Freud adresse à Ernst encouragements, vœux d'anniversaire et timbres rares pour sa collection. Parfois il joint à son courrier un billet de banque, pour célébrer une occasion, ou simplement « pour t'aider à accomplir quelques jolis souhaits ».

Durant les années qui suivent le remariage de son père, Ernst devient un enfant qu'on qualifierait aujourd'hui de « passif-agressif ». À l'école, il s'ennuie, les professeurs se plaignent de son inertie, de sa paresse, et le jugent « absent ». À la maison, les frictions avec celle qu'il n'hésite pas à surnommer la Grosse Bertha – comme le célèbre obusier utilisé par les Allemands durant la guerre de 14-18, parce qu'elle n'a jamais perdu les kilos pris durant sa grossesse – sont quotidiennes. S'il collectionne les poissons rouges dans un aquarium qu'il a installé sur le bureau de sa chambre, Bertha lui enjoint de changer l'eau et de laver le bocal une fois par semaine, ce qui est l'occasion d'une dispute hebdomadaire. Lorsqu'ils sont à la table du dîner, Bertha lui reproche chaque soir de couper sa viande de la main gauche, alors qu'il est droitier – et le fait que son père ait la même mauvaise habitude ne l'exonère en rien aux yeux de sa belle-mère. Lorsque Ernst se plaint que ses vêtements d'hiver le grattent, Bertha fait la sourde oreille des jours durant, jusqu'à ce qu'elle découvre un eczéma géant sur le corps de l'enfant.

Bertha se contente de reproduire l'éducation typiquement allemande qu'elle a reçue, la seule qu'elle connaisse, fondée sur une discipline rigoureuse, avec pour corollaires le refus de tout apitoiement et la conviction que tout encouragement est inutile, tout compliment contre-productif. Elle aime l'ordre et déteste par exemple qu'Ernst vienne en cuisine soulever les couvercles pour goûter le contenu des casseroles. Lorsque après une journée d'école il se montre trop désagréable avec elle, elle rapporte la dispute en détail à Max le soir, à son retour à la maison. Ernst se révèle véritablement retors envers Bertha. Des années plus tard, il qualifiera leurs rapports de « guerre civile ». Quand on lui en demande la raison, la réponse fuse : « J'étais trop malheureux. »

Il n'y a qu'avec sa petite sœur Eva qu'Ernst montre un autre visage. Elle est éblouie par ce grand frère de onze ans son aîné qui sait tout faire comme les adultes. Il lui offre des dessins, lui fait la lecture et lui apprend à siffler, au grand dam de Bertha qui déteste tout ce qui fait du bruit. Il passe beaucoup de temps avec elle et leur cousin Julius, un des fils de Siegfried, le frère de Max. Ils jouent aux petites voitures et organisent des courses sur la grande terrasse. Ils s'amusent à assembler un jeu de construction géant, une sorte d'ancêtre des Lego, mais avec des pièces massives et très lourdes.

Ernst obtient parfois la permission d'aller avec Eva dîner chez Julius le vendredi soir pour le shabbat, car Siegfried est un Juif orthodoxe très pratiquant. Ernst s'émerveille devant les bougies allumées, l'abondance des mets, la chaleur de la célébration familiale. Il découvre le pouvoir apaisant des rituels. Il adore cette atmosphère chaleureuse et recueillie des fêtes juives. C'est aussi l'occasion pour lui de retrouver sa grand-mère paternelle, Mathilde. Quoique âgée, toujours vêtue de noir et en mauvaise santé, elle est chaleureuse, tendre. Elle a le cœur sur la main. Elle qui a élevé ses enfants très tôt privés de leur père, elle est sensible au mal-être de son petit-fils, qui a vécu si jeune deux terribles deuils. Elle l'invite souvent à venir chez elle partager son repas, frugal et casher. Après le déjeuner, elle l'installe à ses côtés sur un canapé au tissu beige usé, et ensemble, ils passent des heures à regarder ses albums photo. Ernst apprend à reconnaître le visage de son grand-père paternel, de son oncle tombé au front en France. Il découvre tous les clichés pris par son père, depuis son adolescence. À sa manière, douce et bienveillante, Mathilde s'efforce de réparer le lien distendu entre Max et son fils.

À défaut de tendresse, une forme de respect, d'admiration s'instaure entre eux. Ernst ne comprend pas son père, mais il admire ses photos et commence à lui reconnaître du talent.

Mon père, comme Max, a rejeté l'orthodoxie de la religion juive. Chez lui en Pologne, la nourriture était préparée et servie selon les principes de l'alimentation casher qu'il a toujours réfutés. « C'était valable à une époque où il n'existait pas de mesures d'hygiène. Nous sommes au vingtième siècle ! »

Dans notre foyer, on appliquait plutôt l'adage « À chaque Juif sa façon d'être juif ». En décembre, pour allumer les bougies de Hanoukka, la fête des Lumières, on attendait le dernier soir afin d'allumer toutes à la fois les neuf branches de la *hanoukkia* (et non une chaque soir, comme les plus pratiquants). On racontait la sortie d'Égypte un seul soir durant le dîner du *seder* (et non pas deux, comme le font les plus pieux). En septembre, en revanche, pour Yom Kippour, la fête du Grand Pardon, nous n'avions pas le droit d'aller à l'école et si nous n'allions que quelques heures à la synagogue, et non toute la journée comme c'est la règle, il n'était pas question de passer des heures au téléphone ou d'aller au cinéma.

C'était un jour sacré, sérieux, important, où, à part aider notre mère à mettre la table pour les trente personnes qui viendraient rompre le jeûne avec nous, ma sœur et moi étions priées de rester calmement dans nos chambres.

En 1969, je viens d'avoir treize ans. Le hasard veut que l'album *Abbey Road* des Beatles sorte le jour de Kippour. Profitant d'une course à faire pour ma mère, je passe subrepticement chercher ma commande chez le disquaire. Je pose l'aiguille de mon tourne-disque sur le premier titre. J'ai beau baisser le volume autant que possible, les basses de « Come Together » alertent ma mère, qui me somme d'arrêter ce bruit. Je proteste, le ton monte, mon père accourt. Ma mère est définitive : « Aujourd'hui, c'est Kippour, on demande pardon pour ses péchés. Tu es sans doute trop jeune pour ça, mais ce n'est pas non plus un jour où tu peux te faire plaisir. » Contrite, je baisse la tête et m'apprête à ranger le vinyle dans la pochette quand, soudain, j'entends mon père dire : « *Lass schon*, laisse tomber. Elle aura bien le temps de se reprocher ses fautes. » Outrée, ma mère fait demi-tour. Mon père m'adresse un clin d'œil. Je ne l'ai jamais autant aimé.

Ernst a eu quatorze ans en mars 1928. En juin, comme chaque été, il passe quelque temps chez les Freud à Vienne, avant de partir avec eux en vacances dans les montagnes de Semmering, tout près de là où Heinele avait séjourné en convalescence.

Un soir, Anna le fait venir dans le bureau de Freud. C'est la première fois qu'Ernst a le droit d'en franchir le seuil. Intimidé, il ose à peine regarder autour de lui. Il s'attendait à entrer dans une sorte de sanctuaire, un lieu froid et solennel, il découvre une pièce très encombrée, bien plus chaleureuse et intime qu'il ne l'imaginait. Des livres remplissent les étagères. Des masques sont accrochés aux montants de la bibliothèque. Mais ce sont surtout les objets qui l'impressionnent. Toutes ces pièces archéologiques, dont certaines sont à même le sol, faute de place ; ces vitrines remplies d'objets de diverses origines, grecque, égyptienne et chinoise, certains en bois, d'autres en bronze, en plâtre, quelques-uns en marbre. Il y a des statuettes représentant des animaux, comme un chameau qui se tient très droit, ou un cheval qui fait une ruade. Une véritable armée de figurines est posée sur la table, devant son grand-père.

Freud est assis bien droit dans son nouveau fauteuil, un récent cadeau qu'Anna a fait fabriquer pour son anniversaire. Un curieux siège qui épouse les formes du corps, dans lequel il semble extrêmement confortable, malgré la raideur du bois. À sa gauche, la grande fenêtre qui donne sur une petite cour éclaire encore son visage, dans les dernières lueurs du jour. À sa droite, Anna s'est assise dans un fauteuil en cuir aux larges accoudoirs.

Freud fait signe à l'enfant d'approcher. « Ernst, je t'ai écouté très attentivement depuis que tu es ici. Je t'entends parler avec Anna, avec d'autres enfants aussi, quand nous avons des invités. J'ai l'impression que tu t'ennuies beaucoup dans ton école à Hambourg. Apprendre devrait être un plaisir, une aventure passionnante ! Tu ne progresseras jamais avec un tel état d'esprit. Alors nous avons une idée à te soumettre. Que dirais-tu de poursuivre ta scolarité ici, à Vienne ? »

Le gamin, debout devant son grand-père, sursaute comme si une décharge électrique lui avait traversé le corps. La tête baissée, il glisse un regard vers Anna qui enchaîne : « Cela voudrait dire que tu serais loin de ta famille, de ton père, de ta petite sœur, de ta ville natale. Loin de tout ce qui t'est familier. » Son ton se radoucit pour ajouter : « Loin de tes souvenirs. »

Freud se penche vers lui. « Il s'agit d'une petite école,

dirigée par une amie d'Anna. Le bâtiment est tout neuf, l'école fonctionne depuis une année seulement. Il y a un jardin, c'est très coquet. Ce n'est pas loin d'ici, dans le quartier de Hietzing. Tu dormirais là-bas durant la semaine. On pourrait faire un essai de six mois. Cela te plairait ? »

Ernst, qui l'écoutait en se balançant nerveusement d'une jambe sur l'autre, s'immobilise. Il relève la tête, ouvre la bouche, aucun son n'en sort. Brusquement, il fond en larmes.

Le lendemain, Freud écrit à Max : « Ernst nous donne beaucoup de plaisir et beaucoup à réfléchir. Un entretien approfondi qu'Anna a eu avec lui nous a donné un aperçu d'une situation réellement triste et préoccupante. Dans sa vie affective enfantine, il est en dissension avec toutes les personnes de sa maison, il n'est pas attiré par l'école et est en danger de se buter jusqu'à perdre tout point de repère. Nous savons que ce garçon est un sacré morceau et qu'on ne peut exiger de Bertha qu'elle en vienne à bout. Mais Ernst est un névrosé costaud avec des symptômes manifestes, c'est pourquoi il est si difficile de bien s'y prendre avec lui. Il est encore un enfant, encore malléable, pas encore perdu, et c'est pourquoi nous nous sommes résolus à mettre en œuvre tous les moyens dont il ne peut disposer à la maison, afin de le redresser à temps. C'est en effet le seul legs de notre Sophie. Bien sûr, on ne peut s'empêcher de penser à ce qui a été perdu avec Heinele. Le projet est prêt. Il ne manque plus que ton consentement. Anna et moi partagerons les frais. »

Je sais que certains auteurs jugent excessive l'ingérence de Freud dans le quotidien des siens. Ils lui reprochent de tenir les membres de sa famille en laisse. Ils affirment que cette dépendance fut un tribut lourd à porter, même au regard de l'aide matérielle qu'il leur apportait. Je réfute totalement cette interprétation. Freud se sent responsable des siens. Il tente de les soulager. Comme il l'écrit à l'une de ses belles-filles : « Se solidariser, aider, prendre part, on ne peut faire plus. » Il accomplit ce qu'il estime être son devoir.

Peut-être trouve-t-il dans cet altruisme une façon de rendre sa réussite plus acceptable à ses propres yeux ? Il n'a pas pu oublier la pauvreté de sa jeunesse. À défaut de pouvoir faire le bonheur des autres malgré eux, il veille à ce qu'autour de lui les siens (et il envisage sa parentèle au sens le plus large du terme) ne soient pas accablés par des soucis d'ordre financier. Lorsqu'il évoque ces sujets, Freud le fait frontalement, concrètement, sans s'étendre au-delà du nécessaire. « L'argent, cette vilaine chose », écrit-il souvent, comme pour mettre à distance un sujet aussi inévitable que déplaisant.

J'ai sous les yeux une petite plaque en métal au format carte postale qui était accrochée au-dessus du guéridon où ma mère rangeait ses cigarettes. Elle est désormais posée sur mon bureau. Y est écrit, en caractères gothiques, en noir et blanc : « *Kein geld macht auch nicht glücklich*, pas d'argent du tout ne fait pas non plus le bonheur. » Un proverbe qu'en bon Viennois, Freud aurait certainement fait sien, lui qui n'hésite jamais, dans son abondant courrier, à recourir à quelques-unes de ces phrases savoureuses dont ses compatriotes ont le secret.

Il en cite une notamment, qui a bercé mon enfance : « *Der klügere gibt nach*, c'est le plus intelligent qui cède. » Mon père l'utilisait pour me faire baisser pavillon devant ma grande sœur. Il savait que la meilleure façon de flatter mon ego était de me faire miroiter, même un instant, la possibilité d'être supérieure à ma brillante aînée.

Freud l'emploie en usant de variantes, selon son interlocuteur. Il lui arrive d'écrire « le plus sage », voire « le plus malin ». Mais il s'agit toujours de transformer une défaite officielle en victoire intime. Votre adversaire peut se réjouir aux yeux de tous d'avoir eu gain de cause ; vous, vous savez, en votre for intérieur, l'ascendant que vous avez pris sur lui. Il l'ignore encore, mais il vient de fourbir vos armes.

En septembre 1928, Ernst s'installe à Vienne. L'école de Hietzing, fondée par Eva Rosenfeld, en collaboration avec Anna Freud et son amie américaine Dorothy Burlingham, applique certains des préceptes éducatifs établis par Maria Montessori, à laquelle Freud avait apporté son soutien dès 1917. Les professeurs sont tous des analystes en devenir, dont certains deviendront célèbres. Une vingtaine d'élèves sont inscrits. Une dizaine sont pensionnaires, comme Bob, le fils aîné de Dorothy Burlingham, qui devient le meilleur ami d'Ernst. Celui-ci vit des mois paradisiaques dans cette école, loin des fantômes de son passé, loin de son père et de sa belle-mère. Il ne retournera à Hambourg que deux ans plus tard, pour fêter la nouvelle année avec les siens et annoncer à son père que, pour finir ses études secondaires, il suivra un enseignement moins progressiste à la rentrée prochaine. Anna l'a inscrit pour cela à la ferme-école de Scharfenberg, située sur une île au bord du lac de Tegel, à Berlin.

Max peut désormais se consacrer à sa nouvelle épouse et à leur petite Eva qui, le 5 avril 1930, fête ses cinq ans dans une pièce encore remplie de cartons. Car les Halberstadt ont quitté l'appartement de la Hansastrasse, trop vaste et chargé de souvenirs, pour s'installer au 78 Klosterallee. Ils ont troqué la grande terrasse qui donnait sur l'Alster pour un petit jardin dans une rue paisible bordée d'arbres. Ils ne sont pas partis bien loin : leur nouvelle adresse est située à dix minutes à pied de la précédente, toujours à une demi-heure de marche de l'atelier de Max.

Visiblement ce Juif anti-orthodoxe apprécie ce quartier cossu où la bourgeoisie juive aisée aime résider. À défaut de se rendre chaque semaine à la synagogue, ou de sacrifier au rituel du dîner de shabbat le vendredi soir, puisqu'il a résolument tourné le dos à la religion, au moins peut-il croiser quotidiennement l'essentiel de sa clientèle privée.

Si les portraits de familles ou de bébés joufflus constituent encore une partie de son activité, il s'est diversifié. Il réalise beaucoup de photographies publicitaires pour d'importantes sociétés comme les cigarettes Reemtsma, les cafés Darboven ou les machines Siemens. Il a des contrats avec des architectes d'intérieur pour lesquels il compose des albums mettant leurs récentes constructions en valeur. Son atelier offre des reproductions, des restaurations de daguerréotypes anciens. Il collabore avec plusieurs quotidiens, assure parfois la mise en page de leurs numéros spéciaux et s'amuse à réaliser chaque 1er avril des photomontages humoristiques. Il travaille fréquemment avec les trois périodiques juifs publiés à Hambourg, proposant notamment un reportage sur les grands travaux d'agrandissement de la Neue Dammtor Synagoge de Hambourg, celle où fut célébré son remariage.

Comme il l'a fait avec ses fils, Max prend régulièrement des photos d'Eva. Certaines sont un peu formelles : elle y pose bébé, nue et dodue, dans son studio. De nombreux clichés d'elle sont pris à la maison. Ils ne sont pas datés mais on peut presque la voir grandir sous nos yeux et changer, notamment la couleur de ses cheveux, clairs à la naissance, qui deviennent rapidement châtain foncé. On peut aussi voir sa taille évoluer par rapport à celle de la grande poupée qu'elle tient souvent serrée contre elle. Ma préférence va à une photo sur laquelle elle doit avoir deux ans à peine. Elle arbore une sorte de coupe au bol avec une petite frange et porte une robe chasuble blanche à manches courtes. Elle tient sa tête légèrement baissée. Elle a croisé ses bras ronds, ses mains sont placées de chaque côté de sa bouche qu'elle cache complètement et elle fixe l'objectif sans sourire, avec curiosité. Qu'elle pose seule ou avec sa mère, elle ne se départit jamais de cet air sérieux. Sur un cliché pris sur la grande terrasse, elle est toute petite et se love dans les bras de sa grand-mère paternelle tandis que son demi-frère Ernst, dans un polo à col marin, jette sur elle un regard protecteur.

J'ai retrouvé une seule photo d'Eva dans les bras de son père. Max porte un pantalon noir assorti à sa cravate et une veste blanche. Il est toujours très élégant, sa barbe est de plus en plus fournie, toujours taillée en pointe et encore grise, mais ses cheveux sont maintenant totalement blancs. Si sa bouche est souriante, son regard reste grave, presque éteint. Alors qu'il n'a pas encore la cinquantaine, il a l'air d'un grand-père.

Les archives d'État sont installées au nord de Hambourg, dans un bâtiment moderne dont la transparence des baies vitrées contraste avec la rigueur de l'accueil. Après un premier contrôle, une fouille et plusieurs sas de sécurité, le passage obligatoire au vestiaire stipule qu'on doit y laisser manteau et blazer afin qu'aucun visiteur ne puisse emporter des documents en les cachant dans ses poches. Une salle de lecture spartiate est disponible, mais Jürgen Sielemann désigne un petit bureau attenant dont il ferme la porte sur nous. « Comme ça, nous ne serons pas obligés de chuchoter. » Le vieil homme a ses habitudes.

Le dossier de Bertha consiste en une grosse chemise en carton vert kaki traversée par un tampon en lettres majuscules : « *Abgeschlossen* » – le dossier est déclaré clos. Sa lecture nous occupera plus d'une heure. Nous manions délicatement des papiers jaunis, presque translucides, d'une finesse qui m'évoque ceux que ma mère introduisait entre deux carbones dans sa machine à écrire des années soixante. Tous ces papiers réunis ici avaient pour unique but d'obtenir une compensation financière. Bertha a entamé ses démarches l'année de ma naissance, en 1955. En lisant les pièces du dossier, je fais la connaissance de l'avocat Herbert Pardo, un client fidèle de l'atelier de Max jadis à Hambourg, dont l'acharnement à défendre la cause de Bertha a été exemplaire. Durant huit ans, inlassablement, chaque année, il renouvela cette demande, constitua un nouveau dossier, apporta de nouveaux témoignages. Il ajouta à ses requêtes des lettres de son épouse, d'anciens clients, mais aussi d'une ancienne employée de l'atelier, d'une femme de ménage, d'une voisine. Tous attestaient de la renommée de Max, du succès de son atelier, du coup d'arrêt porté à ses activités par les mesures antijuives. Après avoir épuisé tous les recours, l'avocat porta l'affaire en Cassation, puis il alla plaider le dossier devant le Sénat. En 1963, il obtint enfin le paiement par l'État allemand de la somme dérisoire, unique et définitive de huit mille deutschmarks, puis le paiement d'une rente de quatre cents deutschmarks mensuels que Bertha toucha jusqu'à sa mort en 1982.

Jürgen Sielemann m'explique que Herbert Pardo était non seulement un éminent avocat, mais aussi un parlementaire renommé. En 1933, il déclara devant une Assemblée médusée par tant d'insolence : « Ce n'est pas à vous de nous envoyer en Palestine. C'est à nous qu'il appartient de décider si nous voulons nous y rendre et à quelle date. »

Le volumineux dossier m'apprend que Bertha eut, dans les années soixante, des problèmes d'hypertension et d'arthrite à la jambe droite, qu'elle dut subir l'ablation de la vésicule biliaire, qu'elle souffrait d'un ulcère et qu'elle n'était plus en état de travailler depuis 1961. À Johannesbourg, elle exerça le métier de couturière et se spécialisa dans la confection de rideaux. Je lis dans un des témoignages qu'ayant très peu d'argent, elle utilisait des chutes de tissus pour confectionner des vêtements à sa fille Eva.

Avait-elle eu l'occasion de lire *Autant en emporte le vent*, paru en 1936, dans lequel Scarlett O'Hara, n'ayant plus de quoi vivre, décroche les rideaux verts du salon de Tara, la maison de son enfance, pour se fabriquer une robe élégante afin d'aller séduire Rhett Butler ?

J'ai lu le roman avant d'aller voir le film avec ma mère et ma sœur. Évidemment, à la sortie, elles ne parlent que de Clark Gable, l'irrésistible Rhett Butler pour lequel l'héroïne met du temps à comprendre ce qu'elle éprouve. Dans cette valse des amours à contretemps, j'ai, comme Scarlett, un faible pour Ashley Wilkes, ou plus exactement pour l'acteur qui l'incarne. Je lis sur le visage de Leslie Howard une douceur qui m'évoque celle de mon père. Ma mère lève les yeux au ciel. « Physiquement, il y a quelque chose. Mais heureusement, derrière sa gentillesse, ton père, lui, a du caractère ! »

Freud n'a jamais cessé d'écrire à Max, ne serait-ce que pour lui adresser de l'argent, au début de chaque mois, glissant quelques reichsmarks dans un courrier expédié dans ce cas en recommandé. « Je te souhaite une autonomie matérielle prochaine mais permets-moi d'espérer en attendant que je pourrai continuer encore longtemps la correspondance recommandée… » Max reste son gendre préféré, et son photographe officiel, Freud refusant de poser pour qui que ce soit d'autre, comme il l'écrit à Max en février 1931 : « Bien sûr, je n'ai aucune envie de me faire photographier par un autre que toi ; je te l'ai d'ailleurs promis. » Et, un mois plus tard : « La maison d'édition est prête à entrer en pourparlers avec toi, et j'ai déclaré que je refuse tout autre photographe. »

Les effets de la crise de 1929 se font sentir partout, notamment à Hambourg, où la vie économique et sociale s'effondre. Max subit cette crise de plein fouet. Freud, qui a encore de nombreux patients et donc des rentrées d'argent constantes, lui vient en aide, comme il le fait pour toute sa famille : « Mes trois fils ont du travail, mais mes gendres ne gagnent pas de quoi vivre. Heureusement, ils peuvent compter sur les sommes que je leur verse. »

Freud tient Max informé de l'évolution d'Ernst. Ses comptes rendus sont invariablement rassurants et se veulent positifs. Anna, en revanche, semble inquiète et s'en ouvre à Eva Rosenfeld : « Ernsti est malheureusement extrêmement difficile. »

En septembre 1930, Dorothy Burlingham s'installe au 19 Berggasse, juste au-dessus de chez Freud. Elle propose d'héberger Ernst durant plus d'une année, ce qu'Anna accepte avec soulagement. Elle tente de préserver son père de tout ce qui pourrait nuire à sa quiétude. Car Freud souffre en permanence, à cause de son cancer à la mâchoire qui l'oblige à porter une prothèse très douloureuse malgré d'innombrables tentatives d'ajustement. À cela s'ajoutent des douleurs au côlon. Sans doute cela explique-t-il son humeur qui se fait plus sombre. Ses habituels partenaires de tarot du samedi soir sont désormais tous décédés. Surtout, il a dû définitivement renoncer à fumer le cigare. « Fumer m'a servi, durant cinquante ans, de protection et d'arme, dans mon combat avec la vie. Je me sens sans doute mieux, mais sûrement pas plus heureux. »

En septembre 1930, la mère de Freud, Amalia, décède à quatre-vingt-quinze ans des suites d'une gangrène à la jambe. Il prétend en être très peu affecté. C'est ce qu'il affirme dans ses courriers. À la mort de son père, il écrivait : « C'est la perte la plus importante dans la vie d'un homme. » Il consigne la mort de sa mère comme étant simplement « une forme de liberté, et surtout le soulagement qu'elle n'ait pas eu à vivre ma propre mort ». C'est comme si, désormais, il se sentait autorisé à mourir. Dans les mois qui suivent, au printemps 1931, il subit une nouvelle opération assez critique et passe un long mois à l'hôpital. Il rentrera chez lui la veille de son soixante-quinzième anniversaire. Il écrit : « Je suis faible, handicapé, j'ai du mal à parler, je ne trouve rien de plaisant à la réalité. »

En juillet 1932, c'est au tour de Max de perdre sa mère, Mathilde, une femme que Freud tenait en très grande estime : « Nous avons ressenti la grâce envoûtante de tout son être. Après que nous avons perdu notre petit Heinele, je lui ai écrit que j'étais persuadé que l'enfant avait hérité le charme qu'il avait pour nous tous de cette grand-mère qu'elle était. Tu sais que je n'ai pas pu oublier Heinele. Mathilde n'a pas été très heureuse dans la vie ; les plus durs coups du destin ne lui ont pas été épargnés. Mais je suis certain qu'on l'a beaucoup aimée. »

En avril 1932, Max se rend à Berlin pour des raisons professionnelles. Il y retrouve Martha Freud, venue rendre visite à ses fils qui y résident. Ensemble, ils vont voir Ernst dans sa nouvelle école. Les retrouvailles entre le fils et le père sont plus sereines. Ernst a dix-huit ans. Il est très heureux à Scharfenberg, sa nouvelle école. Il se montre presque chaleureux.

Freud note : « Tout ce que Martha a vu à Berlin n'était pas plaisant. Les temps sont affreusement sombres et absolument rien ne garantit un avenir supportable. » En 1930, il se montrait encore optimiste : « Un pays qui a donné naissance à Goethe ne peut pas devenir mauvais. » Un an après, il révise son jugement : « La situation va de mal en pis. »

Dès 1932, plusieurs Juifs allemands décident de quitter un pays qui est de moins en moins le leur. Les fils de Freud partent, Oliver en France et Ernst, son cadet, en Angleterre.

Hitler devient chancelier le 30 janvier 1933. Après l'incendie du Reichstag le 28 février, il obtient les pleins pouvoirs. Freud écrit : « Je m'attends à un fascisme modéré, même si je ne sais pas à quoi cela correspondrait. Je ne me sens pas en danger personnellement. Fuir ne se justifierait que si notre vie était en danger. »

Le 10 mai, les nazis procèdent à un immense autodafé, qui inclut les œuvres publiées par Freud. Celui-ci réagit par un commentaire qui se veut ironique et désabusé : « Quels progrès nous faisons. Au Moyen Âge, ils m'auraient brûlé. De nos jours, ils se contentent de brûler mes livres. »

Son bon mot n'est hélas pas prémonitoire.

J'apprends, en écoutant France Inter, que la mairie du 15e arrondissement organise à Paris, durant trois jours, le cinquième Salon de la généalogie. Je décide d'aller y faire un tour. Dans l'éditorial en ouverture du catalogue disposé au rez-de-chaussée, le maire évoque « cette grande aventure que représente la recherche de ses ancêtres ».

Je suis éberluée de découvrir la foule compacte, âgée et enthousiaste qui se presse, un jeudi après-midi, devant les stands qui se déploient par thèmes ou par régions sur les deux étages du bâtiment. J'aborde la jeune femme blonde aux cheveux courts qui tient le stand GénéPologne. Elle me questionne sur mes origines, compatit devant le peu d'éléments dont je dispose, me dit qu'elle ne peut rien pour moi, me laisse un papier proposant ses services. Je l'enfouis dans ma poche, dépitée. Le soir, chez moi, je m'apprête à le jeter quand j'y lis que mon interlocutrice est spécialisée dans la traduction d'état civils, d'arbres généalogiques et de dossiers de naturalisation.

Ce mot « naturalisation » me coupe le souffle.

Lorsque, il y a quelques années, lors d'un simple renouvellement de passeport*, j'ai eu à prouver ma nationalité française, ma mère m'a confié la photocopie d'un document certifiant la date de naturalisation de mes parents. Moi qui ai toujours égaré mes papiers administratifs, je sais exactement où j'ai rangé celui-là.

Le *Journal officiel* en date du 13 septembre 1959 contient un chapitre intitulé « Naturalisations et réintégrations ». Sous ce titre il est écrit : « Décret du 10 septembre 1959 portant naturalisation, réintégration, mention d'enfants mineurs susceptibles de bénéficier de l'effet collectif attaché à l'acquisition de la nationalité française par leurs parents, francisation des noms et libération de l'allégeance française. » Au milieu d'environ cinq cents noms figurent ceux de mes deux parents.

Comment ai-je pu ne pas commencer par là ?

Je me rends sur le site Internet des Archives nationales, je remplis un dossier de renseignements, je fournis la date du décret, les noms et prénoms de mes parents et, puisque je dois justifier ma recherche, je recopie les mots figurant sur les brochures collectées au salon : « Volonté d'établir l'arbre généalogique de ma famille. »

Huit jours plus tard, un mail m'informe que le dossier de demande de naturalisation de mes parents est archivé dans le centre de Pierrefitte-sur-Seine et sera consultable dans un délai d'un mois. Il ne me reste plus qu'à choisir le

* Je le raconte dans *Café viennois*, Albin Michel, 2006.

jour et l'heure de ma visite, dans le créneau assez étroit qui m'est proposé. Des contraintes de calendrier me font choisir le lundi 1er avril, ce qui me force à un peu de légèreté, alors que je suis assise, raide et inquiète, dans un wagon bondé de la ligne 13. Ce n'est pas que je craigne la révélation d'un secret de famille. J'ai plutôt l'impression d'être sur le point de commettre un acte sacrilège en allant fouiller dans les affaires intimes de mes parents. Quand je l'abreuvais de questions auxquelles il ne voulait pas répondre, mon père avait cette formule frustrante : « Cela ne te regarde pas. » C'est précisément ce que je m'apprête à faire. Regarder dans son passé.

À côté de l'université de Saint-Denis, les archives de Pierrefitte occupent un immense espace en verre. À l'arrivée, il faut montrer patte blanche et passer un bref entretien. Une jeune femme me prend en photo pour établir ma carte d'accès et s'enquiert de mon niveau d'études. « C'est pour nos statistiques. Nous posons toujours la question lorsqu'il s'agit de recherches à titre personnel. » Des casiers couleur vert pomme attendent les sacs, manteaux et tout vêtement constituant une cachette potentielle, comme c'était le cas à Hambourg. Le passage par un sas est obligatoire, à l'entrée comme à la sortie de la salle de consultation. Un huissier scanne mon badge fraîchement établi et me tend le ticket qui me donnera accès à mon dossier. Sur ce papier figurent la date et l'heure de mon inscription, mon nom en qualité de lecteur, la cote du dossier, le nom de mes parents et la mention « Extrait de type 2, catégorie standard », ce qui indique certainement la banalité de ma demande.

La présidente de salle donne mon ticket à un appariteur qui cherche sur sa table parmi les dossiers du jour. Il me tend une chemise cartonnée orange sur laquelle une feuille administrative précise qu'en ce 1er avril 2019 à douze heures cinquante-cinq, je consulte des documents que je peux photographier sans flash, mais en aucun cas photocopier.

Je n'ai plus qu'à aller m'asseoir. Autour de moi, de jeunes universitaires, quelques personnes âgées, plus de femmes que d'hommes, tous concentrés, prenant des notes plutôt que des photos. Il faut que mes jambes cessent de trembler. L'appariteur s'agace de me voir encore debout et m'assigne la place numéro 7. La table est nue. Des prises sont prévues auxquelles autour de moi chacun a branché son téléphone. J'ai oublié mon chargeur dans mon sac. Retourner le chercher me semble insurmontable. De toute façon, j'ai déjà vérifié dix fois que mon portable et mon iPad étaient chargés à cent pour cent. J'ai la gorge sèche, mais il est interdit d'apporter de l'eau, par crainte d'en renverser sur les documents. Je m'assieds.

Dès la première page, je retrouve l'écriture de mon père, fine et un peu tremblée. Il est là, par-dessus mon épaule. Un premier feuillet résume la chronologie des demandes effectuées. Je découvre que mes parents n'ont pas d'emblée obtenu la nationalité française. Une première demande faite le 17 octobre 1957 a été refusée avec ajournement durant cinq ans, ce qui signifie qu'ils auraient dû attendre jusqu'en 1962 pour faire une nouvelle tentative. Mais cela ne colle pas avec la date du décret de naturalisation : septembre 1959. Je tourne les pages. Comme c'était le cas pour le dossier de Bertha à Hambourg, certaines sont à peine lisibles, d'autres quasiment en miettes. Toutes sont jaunies et dégagent une odeur de renfermé. Mes parents ont fait leur demande ensemble, mais chacun a établi son propre dossier et au fil des papiers je suis ballottée de l'un à l'autre.

Si je connais tous les renseignements concernant ma mère, que je ne peux m'empêcher de relire comme on se berce d'une comptine familière, chaque information fournie par mon père est une révélation. Je découvre l'orthographe polonaise du prénom de son père et l'année de naissance de ses deux parents, mais il n'en a renseigné ni le jour ni le mois. De ses frères, il a inscrit le mois et l'année de naissance, mais pas le jour. De ses sœurs, il n'a fourni que les initiales des prénoms et là aussi uniquement l'année de leur naissance. Ils étaient tous de nationalité polonaise. Il a indiqué une adresse à Wegrow : place Bozniczny, mais sans préciser de numéro. J'apprends qu'il a passé un an à Munich, sans emploi, de 1946 à 1947, puis est retourné en Palestine où il a exercé le métier d'ingénieur. En 1949, selon ce dossier, il a épousé ma mère, s'est installé à Paris et a travaillé avec son beau-père dans une société d'import-export de bois.

Je souris à l'évocation de leur mariage dont ce document administratif ne reflète pas le romantisme. Mon père a connu ma mère à Paris, où il était venu passer quinze jours pour son travail. Il devait absolument repartir à la date prévue. C'est donc quatorze jours après avoir rencontré ma mère à un dîner où elle n'avait aucune envie d'aller, car c'était chez des amis d'amis qu'elle trouvait ennuyeux, qu'il lui a fait sa demande. Lui, si pudique, comment s'y est-il pris ? Était-ce au coin d'une rue, ou sur le pas de sa porte, le soir après dîner ? Lui a-t-il pris la main à table, dans un restaurant ? Ou alors s'est-il déclaré en plein jour avec un bouquet de roses ? Il a toujours aimé lui offrir des fleurs et il n'y a pas eu un seul 1er mai où il ne soit allé, dès l'aube, lui acheter du muguet.

Le dossier que l'on est prié de remplir lorsqu'on demande la naturalisation est fastidieux à constituer. Il faut fournir analyses de sang et radios des poumons. Prouver qu'on a un casier judiciaire vierge, qu'on paye ses impôts. Montrer ses fiches de paye. Renseigner la nationalité des gens qu'on fréquente. Leur demander des attestations de moralité.

Mon père doit expliquer pourquoi il n'a pas fait de service militaire, ni en Pologne (il en a été chassé) ni en Palestine (il était un réfugié). Le consul de France à Haïfa, la ville où mon père résidait en Israël, affirme qu'il est inconnu de ses services, ce qui constitue un point négatif. En effet, un document officiel daté du 31 mai 1957 précise qu'il est « impossible d'obtenir, en Israël, des renseignements sur l'intéressé ». Dans un autre document un responsable s'étonne qu'« à peine un an après la date d'acquisition de la nationalité israélienne, l'intéressé veuille déjà s'établir en France ». Le 18 août 1957, le secrétariat d'État en charge de ces questions tranche : « en raison de l'absence de preuves de loyalisme », la naturalisation de mes parents leur est refusée. Cette décision est assortie d'une mesure d'ajournement « afin de permettre à leur loyalisme de s'affirmer ». Ils devront attendre cinq ans avant de présenter une nouvelle demande.

À cette date, ma sœur et moi sommes déjà nées à Paris. J'apprends que nous avons été déclarées toutes les deux de nationalité israélienne, comme nos deux parents. C'est après ce premier refus que mon père entreprend les démarches et nous déclare françaises trois mois plus tard, le 17 octobre 1957. Aussitôt, il demande que la durée de l'ajournement soit raccourcie. Il présente le fait d'avoir déclaré ses filles françaises comme une preuve de son loyalisme. En vain. Le 12 novembre, le délai de cinq ans est maintenu.

En avril 1959 un ancien député, M. Gérard Vée, qui réside dans le 7e arrondissement où mes parents sont domiciliés, écrit au ministère de la Santé publique et de la Population pour savoir s'il est possible de les autoriser à présenter une nouvelle demande, malgré la décision d'ajournement. Qui est-ce ? Comment mes parents l'ont-ils rencontré ? Son intervention change la donne. Le 16 septembre 1959, le ministère de la Santé charge le préfet de police d'« aviser les postulants qu'ils sont autorisés à constituer un nouveau dossier de naturalisation avant l'expiration du délai d'ajournement qui leur a été imparti ».

Tout est à refaire. Le dossier légal, médical, fiscal, les lettres des voisins et même cette fois de la directrice de la maternelle où ma sœur est entrée depuis un an. Il y a également un procès-verbal d'assimilation pour chacun de mes parents. « Nous constatons, dans la mesure où nos moyens d'investigation nous l'ont permis » que chacun est « bien assimilé par ses mœurs, son état d'esprit, et parle correctement la langue française ». De même, le document intitulé « Conduite, moralité et loyalisme » coche cette fois toutes les cases. Mes parents sont « favorablement représentés à tout égard », « estimés par leur entourage », « ne se sont pas fait remarquer pour une quelconque activité politique », sont « complètement assimilés dans leur manière de vivre et de se comporter » et en conclusion « font l'objet de renseignements satisfaisants à tous points de vue ». Mon père a fourni une nouvelle situation de famille. Désormais ma sœur et moi y figurons comme françaises.

Certaines annotations me perturbent. Il est précisé que mon père n'est pas resté vivre en Israël « parce que le climat ne lui convenait pas » et que, dès son mariage avec ma mère, il s'est installé à Paris. C'est une fiction. Après leur mariage, le 28 janvier 1949, mes parents sont partis vivre en Israël. C'est suite à une maladie de ma mère, qui préférait être soignée à Paris, qu'ils sont revenus un an plus tard. Ma mère était heureuse de retrouver ses parents. Mon grand-père se réjouissait d'apprendre le métier d'importateur de bois à mon père. Ce séjour prévu pour quelques semaines est alors devenu définitif. Pourquoi ne pas dire la vérité ?

De même, mon père parlait couramment le polonais, le yiddish, l'hébreu et l'allemand mais à l'époque son français était très hésitant. Pourtant, à son arrivée à Paris, il aurait été « correspondant-traducteur à l'hôtel National situé au 224, faubourg Saint-Denis » ? C'est certainement faux. Quelle est la raison d'être de cette légende ?

Le 3 juillet 1959, M. Vée reçoit un courrier d'un responsable dont le nom du service est totalement illisible, l'informant que « les éléments recueillis au cours de l'instruction sont favorables aux intéressés ». Le 10 septembre, le décret de leur naturalisation est publié au *Journal officiel*.

Dans le second dossier de demande de naturalisation, mon père a fourni deux informations supplémentaires. D'abord, que sa mère était décédée en 1939. Le mois n'est pas précisé, mais cela correspond à ce qu'il m'en a dit : elle serait morte des suites d'une maladie, juste avant la guerre. Au sujet de ses sœurs, dont il n'a toujours pas indiqué les prénoms ni les jours et mois de naissance, il a écrit qu'elles avaient « disparu en déportation », sans plus de détails. Sans doute n'en savait-il pas davantage en 1959 lorsqu'il a rempli ce dossier ? En ce qui concerne son père, il a ajouté cette phrase : « Fusillé par les Allemands en 1942. »

J'ai sa voix fine dans le creux de mon oreille qui insiste : « Les Allemands l'ont tué, mais ce sont les Polonais qui l'ont dénoncé. »

C'est la seule information qu'il m'ait jamais donnée au sujet de son père.

Comment l'avait-il apprise ?

Et puis il y a ces dates qui ne collent pas. Dans le précédent dossier, il a écrit qu'il avait quitté la Pologne définitivement en 1939. Je sais qu'en réalité, il était parti dès 1936. Pourquoi s'en cacher ?

Enfin, s'il parle de l'année 1946 qu'il a passée à Munich, il ne dit pas qu'avant de s'y installer, il était retourné dans son village natal, en Pologne. Il n'y avait passé qu'une seule journée. Il y avait des gens installés à son ancienne adresse. Cela, ma mère nous l'a raconté après qu'il fut décédé. Ces gens, étaient-ce des proches, ou bien des inconnus ? Elle n'en savait pas davantage.

Qu'est-ce que mon père avait trouvé en Pologne pour qu'il décide de partir aussitôt en Allemagne, au lieu de rester sur les lieux de son enfance ?

Le 20 mars 1933, Hitler ordonne par décret le boycott de tous les commerces juifs. À partir du 11 avril, aucun Juif allemand n'a désormais plus le droit d'exercer une activité professionnelle.

Pour Max, les conséquences sont immédiates. Ses contrats avec les journaux et les grandes firmes industrielles sont aussitôt suspendus. Il perd la majorité de ses clients dits « aryens » et ceux qui lui restent fidèles exigent qu'il ne signe plus son travail de son nom, puisqu'ils ne peuvent plus officiellement se faire photographier par un Juif. Quelques rares clients osent encore lui passer des commandes officieuses, exécutées à huis clos dans son atelier. Même ceux-là cesseront vite de faire appel à lui.

En mai paraît dans un journal berlinois un article intitulé « Bas les masques ! Le scandale de la presse illustrée ». L'auteur s'en prend aux photographes juifs, qu'il accuse de publier leurs clichés, malgré les interdictions, de façon anonyme ou sous un faux nom. « Le Juif inonde la presse allemande de photos, mais il ne veut pas que les lecteurs le sachent ! Nous ferons en sorte que le peuple allemand soit inlassablement informé de la provenance de photographies “allemandes”, car la presse illustrée doit cesser d’être le terrain de jeu des Juifs allemands et étrangers. »

En août paraissent deux registres : d’un côté celui des photographes de presse allemands, de l’autre celui des Juifs et des étrangers. Pour la ville de Hambourg, le nom de Max ne figure pas dans la deuxième liste. Pas encore.

Max est désormais convaincu qu’il doit quitter l’Allemagne. Il tente de poser les jalons d’une nouvelle vie ailleurs. Est-ce en souvenir de ses jeunes années d’apprenti photographe ? Il part pour la France en septembre, où il va effectuer un voyage de reconnaissance. Il commence par Paris, puis il va à Amiens se recueillir sur la tombe de son frère Rudolf, le pédiatre, tombé à Hangest-sur-Somme, un petit village des environs. Il se rend ensuite à Marseille, Lyon et Nice. Il va voir Oliver, le frère de Sophie, qui réside avec sa femme Henny et leur petite fille, prénommée elle aussi Eva, à Saint-Briac-sur-Mer, sur les bords de la Manche. Oliver et Max ont en commun le goût de la photographie. Oliver ouvrira d’ailleurs un atelier à Nice où Simone Veil, qui était en classe avec sa fille, se fera faire une photo d’identité juste avant la guerre.

La petite Eva Freud, qui cette année-là a dix ans (soit deux ans de plus qu’Eva Halberstadt), est devenue la petite-fille préférée de son grand-père. Freud écrit souvent qu’il retrouve un peu de Heinele dans cette enfant à la personnalité joyeuse et affirmée qu’il surnomme Evchen.

Freud n'aura heureusement pas connaissance de son avenir tragique. Cinq ans après la mort de son grand-père, le 4 novembre 1944, alors qu'elle est cachée, toujours à Nice, sous une fausse identité, cette brune ravissante qui, d'après les photos que j'ai vues d'elle, ressemblait étonnamment à Sophie décède, à vingt et un ans, des suites d'un avortement clandestin.

De ce court voyage de huit jours entrepris par Max, il ne reste aucune photo. Comme s'il avait choisi cette fois de voyager sans emporter d'appareil, lui qui d'habitude consigne tout. Il rentre à Hambourg profondément déprimé. Son déplacement a été fatigant, coûteux et inutile. Il revient sans aucune piste, aucun contact professionnel prometteur. Même une recommandation de son beau-père auprès de Carl Rado, qui a quitté Berlin pour fonder l'agence photographique Rapho à Paris, ne débouche sur rien.

En 1935, Max est contraint de renoncer à l'appartement avec jardin de la Klosterallee. Il vend l'essentiel du mobilier. Bertha, Eva et lui s'installent, en ne conservant que le strict nécessaire, dans le très étroit deux-pièces qui abrite son atelier professionnel, à Neuer Wall.

Je pars sur les traces des différentes adresses de Max, lors de mon voyage à Hambourg. Je ne retrouve pas l'appartement avec la grande terrasse. La Klosterallee est toujours agrémentée de jardins. La première adresse de Bertha et Max lorsqu'ils étaient jeunes mariés héberge à présent une société de production spécialisée dans des programmes pour enfants. J'ai l'agréable surprise de découvrir que mon hôtel est à cinq minutes à pied de l'atelier de Max, là où il fut contraint ensuite d'héberger sa famille. À présent, c'est un quartier entièrement rénové, où l'eau se reflète dans les parois vitrées des immeubles qui bordent le canal de l'Alster. Des arcades blanches abritent des boutiques branchées et des cafés chics. Une grande plaque en métal surplombant l'entrée de son ancienne adresse, 54 Neuer Wall, indique la présence d'un commissaire aux comptes, d'un expert en assurances, d'un cabinet de droit des affaires. Aucun atelier d'artiste. Ce n'est plus un quartier bohème.

J'éprouve un curieux sentiment en revenant à mon hôtel. Le bâtiment est étrange décidément, presque inquiétant, avec ses grandes briques rouge sombre. Le hall d'entrée est démesurément grand, mais ma chambre est coquette, et je comprends qu'Albert Wiederspiel, le directeur du festival de cinéma de Hambourg, me l'ait conseillé. Pourtant, dès que je me promène dans les parties communes, je me sens mal à l'aise. Je trouve l'endroit assez sinistre.

Le soir même, je parle à Albert de mes recherches concernant Max. Il compatit : « Tu te rends compte, ce pauvre Max vivait à l'angle de la Gestapo ! » Et le voilà qui me raconte, comme si c'était anecdotique, que l'hôtel où j'ai passé la nuit est installé dans les anciens locaux de la police du Troisième Reich. « Ils occupaient tout le pâté de maisons. L'hôtel a ouvert il y a quelques mois à peine. Ils ont pu acheter le terrain pour une somme ridicule. C'est parfaitement situé mais personne n'en voulait naturellement. Ils ont choisi un nom français, la Tortue, mais les Allemands ont du mal à le prononcer. Avec l'accent de Hambourg, on croit entendre la Torture. »

Attablée face à lui dans un restaurant au bord de l'Elbe, j'ai du mal à avaler mon anguille.

Albert est juif polonais. J'évoque mon désir de me rendre dans son pays. Il soupire. « Tu sais pourquoi il y a eu tant de Juifs arrêtés en Pologne ? Parce que les Polonais reconnaissaient les Juifs mieux que personne. »

Avant de quitter la ville, je rends visite à son domicile à celui qui fut ma première source d'informations, l'auteur du livre dans lequel j'ai trouvé quelques éléments de la biographie de Max. Wilfried Weinke vit à Altona, un quartier cossu en dehors du centre. C'est un peu le Neuilly de Hambourg. Nous passons ensemble deux heures très agréables, devant un thé noir, un samovar en porcelaine et une assiette de gâteaux fourrés dignes d'une pâtisserie viennoise. J'apprends que cet historien à la barbe grisonnante, élégant dans sa chemise claire et son pantalon kaki, est obsédé par la culpabilité allemande, le silence de son père officier, et la façon dont les méfaits du nazisme étaient encore passés sous silence du temps où il allait à l'école.

Au fur et à mesure, je sens sa méfiance se dissiper. Il comprend que, même si j'ai renoncé à trouver la preuve d'une filiation entre le gendre de Freud et mon père, mon intérêt pour Max reste sincère. Je me suis attachée à Sophie, à Max, à Heinele, à Freud. Je connais intimement leur vie. J'y ai trouvé des connexions avec la mienne. Je me sens chez moi dans cette famille.

Je raconte à Wilfried mon rendez-vous avec Mark et Peter à Londres et mon regret de ne pas pouvoir rencontrer leur mère. Lorsque nous prenons congé, il me serre la main chaleureusement. « Je vais parler de vous à Eva, lui dire qu'elle devrait vous recevoir. Vous êtes vraiment prête à vous rendre à Johannesbourg ? »

Ernst, qui décourage même son grand-père – « Au total, écrit Freud en février 1935, il nous apporte plus de soucis que de plaisir » –, réussit enfin son *Abitur*, le bac allemand. Il a vingt et un ans. Il envisage d'émigrer en Palestine à l'automne. Avant cela, fin août, il retrouve son père et sa demi-sœur pour une courte visite à mi-chemin, à Prague. Max immortalise le séjour par une photo où Ernst, assis sur une longue table en bois, entoure Eva de son bras. Le cheveu brun et court, l'air décidé dans sa chemise blanche dont il a retroussé les manches, il fixe l'objectif d'un œil conquérant, tandis qu'elle, ravissante dans une robe à fleurs, tourne vers lui son visage encadré par deux longues nattes. Elle semble dévorer des yeux, du haut de ses dix ans, ce demi-frère si séduisant qui s'apprête à traverser l'océan. Elle ignore qu'elle en fera de même dans les prochains mois.

C'est vraisemblablement Freud qui va mettre Max sur la piste de l'Afrique du Sud. Le docteur Wulf Sachs, qui réside à Johannesbourg depuis 1922, est un psychanalyste apprécié du professeur. En 1934, lorsqu'il publie *La Psychanalyse. Sa signification et ses applications pratiques*, Freud accepte d'en écrire la préface. Le 17 juillet 1934, ils se rencontrent à Vienne. Freud le sonde-t-il sur les possibilités d'émigration ? Depuis mai 1933, un fonds sud-africain a été créé pour aider les émigrés allemands dès leur arrivée : prêts financiers, emplois, logements. La communauté juive d'Afrique du Sud est très dynamique. Et les lois restreignant l'immigration dans le pays ne s'appliquent pas aux Juifs en provenance d'Allemagne, où le régime nazi gèle désormais les comptes bancaires de ceux qui souhaitent partir. Les Allemands qui choisiraient l'exil doivent laisser tous leurs biens derrière eux, et ne peuvent emporter qu'une somme dérisoire : dix reichsmarks par personne.

En janvier 1936, Henry Minden, un avocat qui a son cabinet dans l'immeuble de Neuer Wall où Max travaille et habite, adresse un courrier au bureau régional des contributions directes de Hambourg. Pour le compte d'un mandataire dont il se garde de révéler le nom, il demande s'il faut une autorisation de sortie du territoire pour du matériel acquis en vue d'une prochaine émigration. Il cite en exemple du papier, des plaques et de la pellicule. Deux mois plus tard, rassuré par les résultats de cette démarche, Max écrit directement à ce même bureau : « J'ai l'intention de me rendre en Afrique du Sud pour y chercher un emploi dans mon secteur d'activité. Si ce projet réussit, je compte m'y installer. Je suis photographe de profession et j'avais jusqu'à présent un atelier au 54 Neuer Wall, où je réside également. Je rendrai les clés de mon atelier le 1er avril 1936. Je veux me rendre à Johannesbourg, où j'ai déjà des contacts. On y fête en grande pompe le 50e anniversaire de la fondation de la ville dans les prochains mois et je veux mettre cette opportunité à profit pour m'y établir. »

Le temps est venu pour Max de faire ses adieux à l'Europe. Accompagné de son épouse, il se rend le 1er février 1936 pour une nuit à Venise, puis pour deux nuits à Vienne. Freud rencontre Bertha Halberstadt pour la première et unique fois. Après avoir revu Max, Anna écrira : « Il est remarquable de constater à quel point il nous est encore proche, et combien nous le sommes de lui. »

Quelques semaines plus tard, le bureau d'information et d'orientation à l'émigration de Hambourg répond favorablement à Max : « Ce projet d'émigration a été jugé économiquement viable. M. Halberstadt possède un atelier photographique qu'il cède pour des motifs politiques et économiques. Il peut s'installer en tant que photographe à Johannesbourg. »

Cette phrase veut dire que Max perd tout. « Céder » son atelier signifie qu'il brade des appareils coûteux et, surtout, l'ensemble des négatifs qu'il possède. Ses successeurs pourront faire pour leur compte des tirages commerciaux de tous les portraits qu'il a réalisés, y compris ceux de Freud. Max Halberstadt en perd la propriété. L'aryanisation de son entreprise équivaut à l'effacement de sa mémoire. Ses images lui survivront, mais il n'en sera plus l'auteur.

Pöbelexzesse und Volkstumulte in Berlin. Berlin: Verlag Europäische Perspektiven. 1984. S. 125–167.

Über Naziideologie und Naziterror

Uhlig, H.: *Die Warenhäuser im Dritten Reich*. Köln: Westdeutscher Verlag. 1956.

Vereinigung der Verfolgten des Nazi-Regimes: »Der ›Kurfürstendamm-Krawall‹ am 12. September 1931«. https://dasjahr1933.de/der-kurfurstendamm-krawall-am-12-september-1931/, aufgerufen am 22. Juli 2022.

Wagner, L.: *Nationalsozialistische Frauenansichten. Weiblichkeitskonzeptionen und Politikverständnis führender Frauen im Nationalsozialismus*. Berlin: mbv. 2. Aufl. 2010.

Über Meyers Hof

Geist, J.-F. & Kürvers, K.: *Das Berliner Mietshaus 1862–1945 – Eine dokumentarische Geschichte von »Meyer's-Hof« in der Ackerstraße 132–133, der Entstehung der Berliner Mietshausquartiere und der Reichshauptstadt zwischen Gründung und Untergang*. München: Prestel-Verlag. 1984.

Le bureau des devises ayant remis au président du centre des impôts de Hambourg un « avis provisoire d'émigration », Max reçoit le 15 avril une autorisation de sortie imminente du territoire : « Est attesté par la présente que M. Halberstadt, passeport nº 5503/35, a justifié auprès de la police de Hambourg du caractère urgent de son voyage à fin d'émigration en Afrique du Sud. La présente attestation perdra sa validité une semaine après sa date de délivrance. »

Il y a urgence, d'autant plus que l'Afrique du Sud a annoncé son intention de durcir ses conditions d'immigration, par une nouvelle loi qui entrera en vigueur dès novembre.

Le 20 avril 1936, Max quitte définitivement Hambourg. Il part seul. Sa femme et sa fille le rejoindront dès qu'il aura trouvé où installer sa famille.

Le 6 mai, lorsqu'il adresse un télégramme à Freud à l'occasion de ses quatre-vingts ans, c'est depuis le bateau de l'exil : « De très cordiaux vœux de bonheur, d'une traversée magnifique. »

J'ai trouvé une carte postale envoyée à Bertha, avec la photographie en noir et blanc d'un paquebot dont j'ignore si c'est celui qui l'emmenait vers Le Cap. Il ressemble à celui à bord duquel nous avons embarqué, mes parents, ma sœur et moi, à Marseille en juillet 1962 pour nous rendre en Israël, pays qu'ils voulaient nous faire découvrir.

J'ai sept ans. Après déjeuner, le premier jour de la traversée, je pars chercher un jeu de cartes dans la cabine. Je me perds en chemin. Un passager prend pitié de moi et me conduit au secrétariat. L'hôtesse, une jeune femme dont on perturbe la pause, annonce mollement que « la petite Michèle H. attend ses parents à l'accueil ». C'est l'heure de la sieste. Sa voix atone ne réveille personne. Anxieuse, impatiente, je lui prends le micro des mains et crie : « Papa ! » Il surgit dans le bureau en moins de trois minutes et je me jette dans ses bras. Je sanglote de toutes mes forces et, entre deux hoquets, je l'interroge : « Pourquoi je pleure alors que je suis tellement contente que tu m'aies retrouvée ? » Il sort de son pantalon de toile un de ces grands mouchoirs en tissu blanc au liseré mauve qu'il a toujours sur lui et m'essuie les joues. « Tu sais, la joie aussi peut faire pleurer. » Dans ma mémoire, ces larmes ont le parfum poivré de son eau de Cologne.

Le docteur Sachs vient chercher Max à son arrivée et lui offre cent cinquante livres, comme il l'a promis à Freud, pour qu'il ait de quoi subsister le temps de trouver un emploi. Max n'est pas à l'aise au Cap. Il a du mal à se faire à l'altitude et se plaint de marcher difficilement dans les rues en pente. Deux mois plus tard, il prend un train pour Johannesbourg, où il a choisi de s'installer. Comme il l'écrit à Bertha : « Ici, j'aurai davantage de clients. Il y a plus d'agences de publicité et, surtout, plus de nouveaux riches. »

Au début, il vit à l'hôtel et suit avec assiduité les cours d'anglais gratuits proposés par une association juive, la Jewish Guild. C'est aussi grâce à l'organisation juive *B'nai B'rith* (les Fils de l'Alliance) qu'il trouve un meublé et ses premiers clients. Ironie du sort, c'est par le biais d'une religion qu'il maintenait à distance qu'il réussit son immigration.

En juillet, il trouve un emploi comme photographe auprès de l'atelier publicitaire Transvaal Advertising Contractos de Johannesbourg.

Comme il n'a aucun espoir d'avancement, il finit par se lancer et ouvre son propre atelier. Mais il vivote, fait surtout des photos d'identité, ou bien des clichés pour des publications d'institutions juives.

Dans chacune des lettres qu'il envoie, que ce soit à Bertha ou à la famille Freud, il parle d'Ernst, s'inquiète de sa santé, de son avenir.

Après six mois en Palestine, où il avait prévu de s'installer durablement, Ernst a changé d'avis. Comme il l'écrit à Max, il supportait mal le climat. Souffrait-il du *khamsin*, ce vent sec, chaud et très poussiéreux qui rend la respiration oppressante, auquel mon père a eu du mal à s'habituer à son arrivée ?

Auraient-ils pu se croiser tous les deux à Haïfa, où mon père a habité ?

Ernst y a passé les six premiers mois de 1936. Mon père était-il déjà arrivé de Pologne ? Ils parlaient allemand tous les deux, ils auraient très bien pu sympathiser. Mon père avait-il déjà croisé la route de ce chien errant qui s'est pris d'affection pour lui et avec lequel il a vécu plusieurs années ? Ernst promenait toujours ceux de Freud lorsqu'il allait le voir à Vienne, mais Bertha a toujours refusé qu'il en ait un à Hambourg parce que c'était trop salissant. Ce chien aurait pu être l'occasion de faire connaissance. « Je n'ai pas saisi votre nom ? Halberstadt ? Quelle coïncidence ! »

En juillet 1936, Ernst rentre à Vienne. Max l'exhorte à venir le rejoindre. Il pourrait peut-être faire la traversée avec Eva et sa mère qui viendront s'installer en septembre ? Ses courriers restent sans réponse.

Au lieu d'aller en Afrique du Sud apprendre le métier avec son père, Ernst se fait engager comme apprenti chez une photographe viennoise réputée, Trude Fleischmann. En juillet 1938, il part pour Londres retrouver Freud et Anna qui ont réussi à s'y installer un mois plus tôt. Ernst, qui aime beaucoup conduire, devient le chauffeur de son grand-père.

À la fin de l'année 1938, Max contracte une angine de poitrine. Affaibli, il revend son atelier.

Il décède à Johannesbourg le 30 décembre 1940, à l'âge de cinquante-huit ans.

Il disparaît un an après Freud, vingt ans après Sophie.

À mon retour de Hambourg, je poursuis mes conversations par mail avec Peter et Mark. Ils me confirment que Wilfried Weinke leur a fait un compte rendu positif de notre rencontre mais que leur mère n'a pas envie de me connaître.

Plus tard, je leur adresse des vœux pour la nouvelle année. Ils leur parviennent en Afrique du Sud, où ils sont allés rendre visite à leur mère pour les fêtes. C'est de là que Peter m'écrit : « Comme vous le savez, Eva n'a pas très envie qu'un livre soit publié sur son père. Alors, à défaut de la faire changer d'avis, nous lui avons demandé si elle accepterait de vous recevoir. Ce à quoi elle a répondu que même à son âge, elle aimait toujours faire des rencontres, recevoir du monde pour le café et qu'elle en ferait de même avec vous. »

Je vais enfin pouvoir aller au bout de mon enquête.

Deux mois plus tard, je suis dans l'avion pour Johannesbourg.

Cela fait quarante-deux ans que je n'y suis pas retournée.

Aujourd'hui, le vol est direct et dure moins de dix heures. Jadis, il faisait escale à Nice et il fallait treize heures pour rallier la capitale de l'Afrique du Sud. Le vol est plein et il y a très peu d'Africains parmi les passagers, beaucoup d'hommes d'affaires, plusieurs femmes, certaines seules, d'autres, plus âgées, qui font partie d'un voyage organisé. Quelques couples de retraités. Deux jeunes parents et leur petite fille sont déjà en tenue de safari : les adultes en saharienne sophistiquée, la petite fille en sandales avec dans les bras une grande lionne en peluche. Il n'y a pas d'autres enfants, pas d'adolescents, aucune étudiante de vingt et un ans partie rejoindre son amoureux, comme c'était mon cas.

L'aéroport est devenu immense, moderne et impersonnel. Le chauffeur de taxi se prénomme Justice, il a une grosse tête ronde et des oreilles minuscules. Il s'excuse de rouler doucement sous cette pluie battante. Je retrouve la conduite à gauche. Les palissades autour des villas sont toujours blanches, mais désormais surplombées de barbelés et de caméras. Elles ont des allures de résidences fortifiées, comme on en voit dans les films mexicains.

Je ne reconnais plus rien.

Je m'entends demander à Justice si Hillbrow, le seul nom dont je me souvienne, est loin de mon hôtel. Il s'en étouffe presque. Son regard dans le rétroviseur est définitif. « Vous ne pouvez pas y aller, madame. C'est un quartier infréquentable. » Sa véhémence est sans appel. Il m'explique que c'est le pire endroit de la ville, qu'une femme blanche ne peut pas s'y rendre et qu'en tout cas il refuserait d'y conduire qui que ce soit, même un homme, même un Noir. C'est là qu'on trouve le plus de sans-papiers, de drogués, de trafics en tous genres, notamment de médicaments. Là aussi qu'on dénombre le plus grand nombre de meurtres, d'agressions, de viols, de corruption. Je ferme les yeux pour qu'il cesse d'en parler, de me parler, qu'il se taise et me laisse me replonger dans mes souvenirs.

Hillbrow, c'était le quartier le plus joyeux, le plus bohème en 1976.

C'est là qu'il habitait.

Le rythme des essuie-glaces sur le pare-brise a sur moi un effet hypnotique.

Soudain me revient la douceur printanière d'un autre matin, juste avant la saison des pluies. Il allait travailler à huit heures, j'étais descendue l'accompagner jusqu'à sa voiture. Je l'avais regardé s'éloigner et j'étais partie me promener. Je regardais les passants, ou plutôt je les dévisageais, je scrutais leurs réactions. Je les mettais silencieusement au défi de me croiser sans me sourire, comme moi je me sentais sourire à la face du monde, moi la timide qui jusqu'ici avais plutôt l'habitude d'éviter les regards. De temps en temps, je cherchais confirmation dans le reflet d'une vitrine. Oui, cela sautait aux yeux. Comment pouvaient-ils ne pas le voir, ce mélange de force et de légèreté qui m'animait, comme si j'étais devenue une créature d'air et d'eau, moi qui suis née sous les deux signes les plus terrestres des astres ?

Dans ma tête, je fredonnais les paroles d'un air de Julien Clerc. Une petite mélodie de rien, juste un piano-voix sur des paroles d'Étienne Roda-Gil, pas une vraie chanson, presque un intermède, moins de deux minutes trente, entre deux titres de la face A de *Niagara*, un de ses premiers albums.

La fée qui rend les filles belles
A bégayé devant ton berceau
Le vent qui froisse les ombrelles
N'a pas soufflé sur ton trousseau
Mais l'amour qui rend les femmes belles
Dans ton lit fera son nid.

Ce matin-là, dans les rues de Hillbrow, je m'étais sentie belle.

Au téléphone, Peter, le seul des deux petits-fils de Max qui se trouve à Johannesbourg cette semaine, m'indique comment arriver jusqu'au domicile de sa mère, où il m'attend. Son accent sud-africain, que je n'avais pas remarqué à Londres, me saute soudain aux oreilles. La voiture traverse Balfour, une banlieue populaire. Sur le mur d'enceinte d'une école communale, je lis cette phrase de Nelson Mandela : « Savoir, c'est un pouvoir, mais comprendre, c'est tout. »

Juste après un grand centre commercial à l'américaine se trouve la résidence pour personnes âgées où j'ai rendez-vous. Passé la guérite et les hommes armés, qui sont prévenus de ma visite mais font tout de même le tour du taxi avec leur détecteur avant de nous laisser entrer, je découvre un lotissement de jolies maisons individuelles, chacune dotée d'un petit jardin que certains ont en partie aménagé en potager.

Sur un des perrons, une femme noire à la quarantaine corpulente, Anna, fait signe au taxi. Peter sort m'accueillir en chemisette bleu ciel à manches courtes alors que la pluie vient à peine de cesser et que l'humidité me fait frissonner.

Le vestibule ouvre sur une grande pièce moquettée de beige. Sur la droite, une table de salle à manger recouverte d'une nappe molletonnée rose pâle. En face de moi, une dame aux cheveux blancs, très élégante dans un col roulé fuschia, est assise sur un canapé au tissu chiné. Dès qu'elle m'aperçoit, elle place ses mains à plat de chaque côté de ses cuisses et murmure à voix basse et en allemand : « Un, deux, trois. » À « trois » elle prend appui sur ses mains, se lève, attrape prestement le déambulateur placé à sa gauche et avance vers moi.

« Comme vous êtes grande ! » C'est ainsi qu'elle m'accueille, en me serrant vigoureusement la main. Ses yeux bleu-gris me dévisagent avec une curiosité amusée.

Elle est très fine, mais pas du tout frêle. Il émane d'elle une énergie, une volonté peu communes. Elle est née Halberstadt, comme mon père, pourtant sur son visage je retrouve la vivacité, le charme espiègle de ma mère.

Nous serons interrompues plusieurs fois par des appels de proches la félicitant pour son anniversaire. Elle fête aujourd'hui ses quatre-vingt-douze ans, ce que j'ignorais. Elle fait mine d'être blasée mais prend manifestement plaisir à chaque coup de fil. Une de ses petites-filles l'appelle par Skype et je profite qu'elle ait les yeux rivés sur le téléphone pour la prendre en photo à la dérobée. Sa belle-fille, qui apparaît ensuite à l'écran, se dit flattée de constater qu'elle porte le pull à col roulé qu'elle lui a offert lors d'une précédente visite. Eva répond : « C'est mon meilleur cachemire, je le garde pour les grandes occasions » et me fait un clin d'œil. Je me sens adoptée. Nous passons plusieurs heures ensemble, son fils, elle et moi. La conversation est décousue, elle mélange les dates et les noms. Quand je tente d'y apporter quelques éclaircissements, elle se tourne vers Peter, enchantée : « Elle connaît mieux ma vie que moi ! » Loin d'être agacée par mes interventions qu'elle pourrait juger inopportunes, elle y voit la preuve du temps que j'ai consacré à sa famille.

Nous quittons le coin canapé pour nous installer sur les chaises en velours qui entourent la table où trône un cheesecake qu'elle a fait acheter dans une boulangerie juive. « Pas parce que je mange casher, quelle horreur, mais il se trouve que seuls les Juifs savent faire un cheesecake qui a du goût », m'explique-t-elle. En se servant une troisième tasse de thé, elle demande soudain à son fils : « Et si demain on allait prendre le petit déjeuner dehors ? » Peter hésite. Il a promis à son frère David de l'aider à déménager et ils ont prévu de commencer tôt le matin. Je saisis l'occasion et invite Eva à venir le prendre à l'hôtel avec moi. Elle acquiesce aussitôt. « Anna me déposera, puis elle nous laissera seules toutes les deux. » Je souris, ravie. J'ai décroché le tête-à-tête que je craignais de ne jamais obtenir. Peter est inquiet. « Il faudra que vous fassiez attention, ma mère est fragile. » Eva lève les yeux au ciel. « Elle prendra soin de moi, voyons. C'est pour moi qu'elle est venue ! »

Je découvre qu'un dîner est organisé le soir même dans un restaurant italien. Peter souhaite que sa mère prenne le temps de se reposer. Je m'éclipse et les retrouve, le soir, au Bellagio.

À l'entrée, le cérémonial se répète : une guérite, deux policiers armés, le détecteur passé sous la voiture. Le cadre est sympathique et la cuisine de qualité, mais l'acoustique est désastreuse. Le restaurant est plein, nous sommes assis au milieu de la pièce. Venant des tables voisines, des voix jeunes et vigoureuses couvrent celles, plus fragiles, des trois vieilles dames assises autour de moi. Eva m'a placée à sa droite. Elle parle à sa gauche avec Lotte qui habite la maison à côté de la sienne depuis cinq ans et est devenue sa plus proche amie. Celle-ci a deux ans de moins qu'Eva, mais semble plus effacée. Sans doute à cause d'une surdité de trente ans qu'aucun appareil auditif n'a su soulager, m'explique-t-elle. À ses côtés, Inge est une femme robuste et énergique, que j'imagine être la benjamine de la bande. Elle m'apprend qu'elle a quatre-vingt-dix-huit ans, qu'elle est veuve depuis quinze ans et qu'elle voyage dès qu'elle en a l'occasion. Je lui demande quelle est sa recette pour être dotée d'une telle énergie. « Juste de la chance ! »

David, le frère aîné de Peter, trône en bout de table. Il a le regard foncé, les cheveux bruns et drus. Nous avons été présentés avant de nous mettre à table. Je sens parfois son regard se poser sur moi. Peter m'a expliqué que David souffre du syndrome d'Asperger, qu'il est doué de ses mains, qu'il vivote en travaillant dans un garage. C'est lui qui a choisi ce restaurant, situé dans un quartier où Eva et ses fils ont vécu jadis. Il vient ici depuis longtemps, tout le monde le connaît. Chaque serveur qui passe prend le temps de s'arrêter pour l'embrasser et David rayonne à chaque effusion. Il a commandé son menu type : salade d'avocats, hamburger, trois boules de glace vanille, un Coca. Personne n'a pris d'entrée, nul ne souhaite de dessert, mais cela n'est pas de nature à lui faire changer ses habitudes. Il est à la fois intensément présent et isolé dans son monde. Son corps est parfois traversé de soubresauts dont il semble ne pas avoir conscience.

Brusquement, à la fin du repas, il se penche vers moi en donnant de la voix, afin que les autres conversations de la table s'interrompent : « Vous vous appelez Michelle, comme Michelle Pfeiffer ? » Je lui réponds qu'il a raison, mais qu'en l'occurrence mon prénom ne s'écrit qu'avec un seul *l*. Il balaie ma réponse d'un revers de la main. Peu lui importe. Il a d'autres sujets en tête. « J'ai plusieurs questions à vous poser. Aimez-vous Jacques Chirac ? Et Maria Callas ? Et Karl Lagerfeld ? Savez-vous où ils habitent à Paris ? À pied, est-ce loin de chez vous ? » J'aurais voulu avoir connu les trois, pour lui offrir des souvenirs étincelants. À la place, je lui décris la capitale. Je raconte le Trocadéro près duquel vivait la Callas, la place de la Concorde où sont les bureaux de Chanel et les quais de la Seine où résidaient alors les Chirac. Je lui dis que oui, de mon bureau, situé au rond-point des Champs-Élysées, ce sont trois adresses qu'il est facile de rallier à pied. J'ai rarement lu une telle concentration sur un visage. J'ai l'impression qu'il a gravé mes mots en lui, pour toujours. Au moment de prendre congé, il fait le tour de la table et vient me serrer gravement les deux mains. « Merci d'avoir pris la peine de me répondre sérieusement. Je vais tout noter sur un plan. Je n'irai jamais à Paris. »

Le lendemain matin, à neuf heures précises, je suis sur un banc devant l'entrée de l'hôtel. Eva sort de la voiture de son aide ménagère et la congédie d'un geste agacé. « Il faut qu'ils arrêtent tous de s'inquiéter pour moi ! » Elle est aussi chic que la veille, en pantalon blanc, avec sous son gilet assorti un chemisier à pois bleus qui met ses yeux en valeur. Une fois installée devant la baie vitrée d'une terrasse, elle admire le paysage qui s'offre à nous. « Tout est vert, c'est beau mais un peu uniforme, non ? En novembre, les jacarandas mettent des taches mauves dans toute la vallée. »

Elle sort ses lunettes, étudie le menu, commande des œufs Bénédicte, des scones, du thé mais avec de la saccharine. « Je triche. Je dois grossir, mais je dois aussi éviter le sucre. Ce n'est pas facile. » Elle m'explique qu'elle a toujours été fine. « Petite fille, j'étais franchement maigre. Ma mère me faisait boire chaque matin de la crème en me faisant croire que c'était du lait. Une nuit où j'étais restée dormir chez ma grand-mère, elle m'a servi un verre de lait que j'ai failli lui cracher à la figure, tellement j'ai trouvé ça aigre ! Je sais que monsieur Freud avait envoyé de l'argent à mon père afin que je puisse manger chaque jour au moins un œuf et un carré de chocolat. » Je trouve amusant qu'elle l'appelle monsieur Freud. Elle lève un sourcil. « J'ai toujours entendu ma mère l'appeler comme ça. Même enfant, je savais que c'était un homme très célèbre. Ma mère ne l'avait vu qu'une fois, à Vienne, et elle l'avait trouvé impressionnant. Moi, j'ai seulement rencontré Anna, sa fille. » Elle grimace. « J'étais en voyage à Londres, elle m'a donné rendez-vous. Je n'avais jamais pris le métro de ma vie. Je suis arrivée une demi-heure en retard. Elle m'a fait sentir que c'était impardonnable. Je n'en garde pas un bon souvenir. »

Tout naturellement, la conversation porte sur Ernst, son demi-frère, le protégé d'Anna. Aussitôt, son regard devient tendre. De même qu'elle le couvait des yeux petite fille sur les photos prises par Max, elle le défend bec et ongles : « Bien sûr, il était compliqué. Pour le voir, ce n'était jamais simple. Il fallait prendre rendez-vous longtemps à l'avance. C'était un garçon ombrageux, imprévisible, très difficile. Mais il a traversé de tels malheurs. La mort de sa mère, puis de son frère, le remariage de son père… » Eva parle volontiers de Bertha : « Son père travaillait dans les tissus à Duisbourg. Elle avait un frère médecin qui vivait à Hambourg. C'est pourquoi ses parents l'ont envoyée là-bas. Elle a été engagée dans une école pour enfants où Ernst s'est pris d'affection pour elle, c'est comme ça que Max l'a connue. Ma mère n'était pas démonstrative. Elle n'avait pas envers nous des gestes de tendresse. Ce n'était pas dans son éducation. Elle tenait sans doute cela de sa mère, Carolina, qui était comme elle. Ma mère était certainement timide, comme je le suis. Je ne dirais pas qu'elle était froide, mais elle était très stricte. Elle était stoïque, aussi. Elle souffrait beaucoup. Elle avait de l'arthrite, il a fallu l'opérer des deux hanches. À l'époque, c'était plus compliqué qu'aujourd'hui. Elle marchait avec deux cannes. Elle a également souffert d'ulcères. » Elle s'interrompt. « Vous savez, je n'ai pas été câline avec mes fils, moi non plus. Même avec David. Mais ne pas donner de signes extérieurs d'affection ne signifie pas qu'on n'éprouve pas de sentiments. »

J'essaye de la faire parler de Max. Elle reste évasive : « Je n'ai rien à vous dire, sauf ceci : c'était quelqu'un de bien. Il a eu une vie difficile. La guerre, sa blessure à la tête, la mort de sa femme, de son fils... Je me suis toujours sentie aimée de lui. Il était plus chaleureux que ma mère, c'est un fait. Elle avait quinze ans de moins que lui. Je ne les ai jamais entendus se disputer. Pas une seule fois. C'était un couple aimant, mais un foyer triste. J'étais une enfant unique et solitaire. » Je l'interroge sur ses souvenirs d'enfance. « À une époque, je me souviens que je prenais un bateau à vapeur pour aller à l'école, qui était mixte et libérale, ce qui effarait un peu ma mère. Mon père disait toujours : "Tu n'as pas besoin d'être orthodoxe pour être un bon Juif." » Elle se souvient de la mère de Max,

Mathilde, avec tendresse. « Je l'appelais "petite grand-mère", elle était très gentille. Elle est morte quand j'avais neuf ans. » Elle m'apprend que Carolina, son autre grand-mère, les a rejoints en Afrique du Sud. « Elle a pu venir par le dernier bateau autorisé. Elle a vécu avec nous longtemps. »

Eva se rappelle leur arrivée en Afrique du Sud : « Mon père est parti le premier. Nous l'avons rejoint cinq mois plus tard. J'avais emporté ma poupée préférée, Ursula. Ma mère s'est fait quelques très bonnes amies durant ce voyage. Il y avait essentiellement des immigrants à bord, beaucoup de Noirs. On n'en voyait jamais à Hambourg ! Avant le départ, tout le monde nous avait vanté l'Afrique du Sud ensoleillée, cela me faisait un peu rêver. Nous sommes arrivées le 10 septembre 1936. Il neigeait, et tous nos vêtements d'hiver étaient encore dans des containers quelque part en mer. » Était-elle triste de quitter Hambourg ? Elle hausse les épaules. « On n'avait pas le luxe de se poser ce genre de question. La vie était une chose sérieuse. On la prenait comme elle venait, avec ses aléas. » Elle raconte leur installation à Johannesbourg : « Je ne parlais pas l'anglais. Heureusement, la rentrée des classes se faisait en janvier, cela m'a laissé le temps d'apprendre. »

Rétrospectivement, elle estime que son père n'a pas si mal réussi à Johannesbourg. « Il a connu des moments très difficiles à son arrivée au Cap, mais il est vite parvenu à ne plus être l'employé de personne. Il a ouvert son magasin, il a pu s'acheter une voiture, d'ailleurs je me suis toujours demandé quand il avait appris à conduire. Il était perfectionniste et méticuleux dans tout ce qu'il entreprenait, donc cela ne m'a pas surprise à l'époque qu'il conduise aussi bien, d'ailleurs il aimait beaucoup ça. Nous sommes partis un été en vacances quand il était encore assez bien portant. Mais il a passé les deux dernières années de sa vie malade. À sa mort, j'avais quinze ans. J'ai dû quitter l'école et gagner ma vie pour aider ma mère. Je suis devenue couturière. J'étais douée pour ça. Et ensuite je me suis mariée. » Elle n'a jamais eu envie de retourner vivre à Hambourg ? « Après l'Afrique du Sud, l'Allemagne, ça me paraissait tellement petit… »

Un peu plus tard, de retour chez elle, elle m'ouvre ses albums de photos. Elle m'apprend que Bertha avait appris à développer la pellicule et travaillait avec Max. « Quand nous avons dû vivre à l'atelier, elle lui servait d'assistante. » Je lui parle des archives que j'ai consultées à Hambourg. « Ma mère trouvait que le travail de Max n'était pas assez considéré. Il n'a pas eu la reconnaissance qu'il méritait, c'est certain. En tout cas, ni elle ni moi n'avons jamais touché un centime sur les ventes de ses portraits de Freud. » Si c'est un sujet que ses fils abordent volontiers, ce n'est clairement pas son combat. J'évoque le fait que ces clichés sont souvent signés Freud. Je lui demande si elle n'a pas été outrée qu'Ernst abandonne le nom de Halberstadt. Elle hausse les épaules, fataliste. « Je peux le comprendre. Les Freud étaient sa vraie famille, celle dont il a été le plus proche. Anna le considérait comme son fils, elle l'a éduqué, elle l'a analysé. Il lui devait beaucoup. C'était aussi une façon d'honorer la mémoire de sa mère, qu'il avait tant aimée. C'est un nom célèbre, cela ne m'a pas choquée. » Elle tourne les pages, me montre des clichés d'elle petite, pris par Max, que je ne connaissais pas. « Là, j'ai onze ans, et de longues tresses que j'adorais même si mon père trouvait que ça lui rappelait les Jeunesses hitlériennes. J'ai mis longtemps à y renoncer. »

Au fil des photos prises en Afrique du Sud, la maladie se lit sur les traits creusés de Max. Il est toujours impeccable dans son costume gris, mais on voit que son col de chemise flotte autour de son cou. Il est frêle, comme s'il avait rapetissé. Il n'a pas renoncé à fumer ses cigares. Eva se penche vers l'album. « Vous avez remarqué ? Même souffrant, il reste élégant. Ma mère a pris la photo, mais c'est à moi qu'il sourit. » Je demande où il est enterré. Elle me montre la photo d'une pierre tombale en marbre gris. « Le cimetière est à Brixton. Mais vous ne pouvez pas aller là-bas. De toute façon, personne n'acceptera de vous y conduire. Moi-même, cela fait des années que je n'y suis pas allée. C'est un quartier épouvantable… »

Nous sommes allées sur la tombe de mon père la semaine dernière, ma sœur et moi. Elle était bien plus proche de lui au quotidien que je ne l'ai été. Mais cela n'y changeait rien. Entre lui et moi, c'était une affaire entendue. On s'aimait. Il m'a toujours fait confiance, même lorsqu'il avait du mal à me comprendre. Il doutait, par exemple, que faire de la radio soit un métier sérieux. Mais lorsque j'étais à l'antenne, il allait vérifier si les commerçants autour de son lieu de travail écoutaient la station sur laquelle j'officiais. Je sais qu'il s'est beaucoup inquiété pour moi, sans jamais m'en faire peser le poids. Je n'ai jamais douté de son amour. Il incarnait « ce héros au sourire si doux » dont parle Victor Hugo. J'ai eu avec mon père un rapport serein, confiant, adulte. Je pourrais dire de lui, comme Eva de son père : « C'était quelqu'un de bien. »

Je suis triste qu'elle n'ait pas partagé la moindre anecdote qui m'aurait davantage éclairée sur le père qu'était Max. Je sais seulement que, dans les lettres qu'il envoyait à Bertha, durant sa traversée vers l'Afrique du Sud, il n'oubliait jamais d'ajouter, sous sa signature, des mots de tendresse, voire parfois de petits dessins, à l'intention de celle qu'il surnommait, soit « mon Evalein », soit « mon petit Lumpelchen ».

Mon père m'appelait Michmich et je détestais ça. Je n'ai jamais osé le lui dire, mais je l'ai confié, un jour, à ma fille, quand elle était encore petite. Quelques jours plus tard, devant son grand-père, elle a utilisé ce surnom qui, dans sa bouche, m'a fait bondir : « Tu ne vas pas t'y mettre, toi aussi ! » Ma fille éclata de rire. Mon père en revanche se pencha vers moi avec gravité. « Tu n'aimes pas ce mot ? Dommage. *Michmich* signifie "abricot". C'est le seul mot que l'hébreu et l'arabe ont en commun. » J'étais stupéfaite. « Pourquoi tu ne me l'as pas dit avant ? » Il écarta les mains. « Tu ne m'as jamais posé la question. »

Quand Ernst apprend le décès de son père, il vit toujours à Londres, où il travaille comme coursier chez Technicolor. Au début de la guerre, il se porte volontaire, mais la tuberculose de son enfance le rend inapte à autre chose que des tâches de bureau. Après la bataille de Dunkerque, il est interné, comme beaucoup d'Allemands résidant en Angleterre, sur l'île de Man pour quelques mois. Une expérience qu'il décrit comme « un pique-nique à l'anglaise » tellement les Britanniques se montrent courtois et civilisés avec leurs prisonniers.

Après la guerre, en 1945, Ernst décide d'entreprendre des études de psychologie.

En 1949, il devient citoyen britannique. Il a une petite amie qu'il envisage d'épouser.

C'est à ce moment-là qu'il prend la décision de changer de nom.

Il est persuadé qu'il a raté deux occasions d'embauche à cause de la consonance trop germanique de son patronyme.

Il commence par changer Ernst en Ernest, et Wolfgang en Warren. Il envisage ensuite de transformer Halberstadt en Harwell. Mais il renonce vite à ce nom qu'il juge « trop anodin ». Il choisit de prendre celui, plus célèbre, qui est à sa disposition et qui irait bien avec sa nouvelle carrière de futur psychiatre. Et tant pis si cela fait jaser des jaloux de la profession. La notoriété l'emporte sur le souci de la consonance germanique.

Il en parle à sa tante Anna, qui approuve.

Le 1er juillet 1951, il devient officiellement Ernest W. Freud.

Siegfried a quitté l'Allemagne en même temps que son frère Max, d'abord pour la Belgique, puis la Palestine. Il est enterré près de Jérusalem.

Un de ses fils, Manfred, est proche de son cousin Ernst. Lorsqu'il apprend qu'Ernst a changé de nom, il décide de ne plus lui adresser la parole. Ils ne reprendront jamais contact.

Le 30 septembre 2008, Ernest W. Freud né Ernest W. Halberstadt meurt à Heidelberg, en Allemagne, où il était retourné vivre en 1983.

Eva, la fille de Max et Bertha, se marie deux fois et change deux fois de nom de famille.

Bertha, la seconde épouse de Max, décède en 1982.

Le nom Halberstadt disparaît définitivement avec elle.

Le vol pour Varsovie décolle à neuf heures du matin. Il pleut, un accident sur l'autoroute a provoqué un embouteillage. Le taxi m'annonce une heure de retard. Je prends la mine soucieuse qu'il attend de moi. En réalité, cela m'arrange. Rater l'avion serait un signe, la preuve que ce voyage m'est interdit, que je peux y renoncer en ayant la conscience tranquille. Une fois à l'aéroport je découvre que le vol est repoussé d'autant. Je passe aussitôt la douane. Il faut que je parte maintenant, sinon je n'irai jamais.

À bord, les annonces du steward ont des sonorités que jusqu'à présent je n'avais entendues qu'au cinéma. Cette langue qui m'est étrangère, mon père l'a parlée durant seize ans, de sa naissance à son départ. En Israël, parlait-il toujours polonais avec ses frères ? Les aérogrammes – ces lettres au papier bleu très fin qui, une fois plié, formait l'enveloppe – qu'ils s'échangeaient durant mon enfance étaient rédigés en hébreu. Mon père était du genre à tirer un trait sur le passé. Il a certainement choisi d'employer exclusivement la langue des pionniers dès son arrivée en Palestine, même s'il ne la parlait jusque-là qu'à travers les versets des livres de prière. Je parierais qu'il s'en est fait le serment. Il aimait se fixer des défis, des objectifs. « La volonté est la seule chose qui différencie l'homme de l'animal », disait-il. Si la dignité, le courage, le sens de l'effort, le goût de la perfection étaient les fondations, la volonté était l'armature centrale, la colonne vertébrale. Se consacrer à apprendre et à parler l'hébreu, pour qui vient de tout laisser derrière lui, était certainement à ses yeux un moindre effort.

Je sais que l'on compte toujours dans sa langue maternelle. Ma mère redevenait viennoise dès qu'elle avait un calcul à faire. Dans quelle langue mon père faisait-il ses comptes ? Je l'ignore. J'ignore tellement de choses de lui. J'ignore de laquelle de ses sœurs il était le plus proche. J'ignore comment il a appris leur décès, celui de sa mère, de son père. J'ignore s'ils s'écrivaient. J'ignore s'il a brisé le cœur de sa mère en allant vivre en Palestine. J'ignore s'il a tenté de convaincre ses sœurs de partir avec lui. J'ignore s'il s'est senti coupable de les abandonner.

Partir. S'enfuir de Pologne en 1936 lorsqu'on est juif, cela semble évident aujourd'hui, parce que nous connaissons la suite de l'Histoire. Mais quand on se met à leur place, ou qu'on les imagine à la nôtre, c'est tout de suite plus compliqué. Partir ? Quitter ce qui nous constitue ? Ceux qu'on aime, ceux qu'on a aimés, nos paysages, notre langue, nos saveurs, nos parfums, nos traditions, nos amis, nos habitudes ? Le décor de nos souvenirs ? Celui de notre quotidien ? Se déposséder de tout ? Pour quoi faire ? Rester en vie ? Tout de suite les grands mots ! Ne dramatisons pas. Nous sommes nés ici. Nous sommes chez nous.

Je pense aux sœurs de Freud. Elles ne voulaient pas quitter Vienne. Elles pensaient que nul n'aurait l'idée de s'en prendre à des personnes aussi âgées qu'elles. Quand elles ont admis qu'il leur fallait partir, c'était trop tard. L'une d'elles, Rosa, celle que son frère préférait, a dit au nazi qui l'arrêtait : « Mais je suis la sœur du professeur Freud. » En croyant se sauver, elle a signé son arrêt de mort.

Il fait froid, d'habitude, en Pologne. Mais cet automne, c'est à Paris que le thermomètre a chuté, ce matin c'est en France qu'il neigeait. Plus on se rapproche de la Pologne, plus le soleil est radieux. J'aurais préféré une météo antipathique qui aille avec ma méfiance, ma culpabilité, ma mauvaise conscience. Je n'ai aucune intention de trouver le moindre agrément à ce voyage, qui depuis des semaines m'a gâché le sommeil. Alors que l'appareil effectue sa descente vers Varsovie, ma playlist aléatoire a lancé une ballade de Chopin. Je découvrirai qu'il est omniprésent dans la ville dont il est le héros. Il y a un musée, un parcours touristique, un dessert et même une application pour téléphone mobile à son nom.

Je me rends au musée consacré à l'histoire des Juifs polonais, un bâtiment moderne, en pierre et en verre, construit sur le site de ce qui fut jadis le cœur du ghetto de Varsovie. Le musée s'appelle Polin car, selon la légende, des Juifs fuyant les persécutions entendirent le mot hébreu *Polin*, « Repose ici », chuchoté dans une forêt de l'Est où ils décidèrent aussitôt de s'établir, au neuvième siècle. Au seizième siècle, la Pologne devint la plus importante communauté juive au monde. De nombreux Juifs allemands vinrent s'y installer.

Parmi eux, peut-être y avait-il déjà des Halberstadt ?

Au dix-septième siècle, les Polonais se montrent moins tolérants à l'égard des Juifs. En 1795, la Pologne est dépecée, les Juifs sont assujettis par les Autrichiens, les Prusses, puis les Russes. En 1918 la Pologne retrouve son indépendance. Dix pour cent de sa population est juive, soit plus de trois millions et demi d'habitants. En 1947, ils ne seront plus que trois cent mille.

Lors de l'invasion allemande, six cents ghettos sont établis dans tout le pays. Un panneau en dresse la liste. Dans la colonne la plus à droite je trouve le nom que je cherchais : Wegrow.

Il y a eu un ghetto dans le village de mon père.

Le musée décrit l'invasion allemande comme une malédiction qui aurait frappé les Juifs et les Polonais de façon similaire. « Un Polonais qui aidait un Juif signait son arrêt de mort. » Cette phrase extraite d'un article de presse exposé sous verre donne la tendance générale : Juifs et Polonais sont mis sur un pied d'égalité, au titre de victimes. Deux salles plus loin, un extrait d'un bulletin de l'agence de presse juive, en date du 27 août 1945, tempère un peu l'angélisme du récit officiel : « Les Juifs qui retournent chez eux dans des maisons confisquées par d'autres risquent la mort. La vie est brutale, la situation politique tendue, les conditions de vie difficiles. Mais cela ne suffit pas à justifier la violence contre les Juifs. »

Le 4 juillet 1946, les habitants du village de Kielce assassinent des Juifs polonais à peine revenus chez eux. Ils étaient des rescapés des camps de la mort. On imagine leur délabrement physique et mental, leur pauvreté. C'étaient quasiment des mendiants. Ils n'avaient plus rien. Plus de famille, et rarement un toit. Mais une rumeur s'est répandue en ville : les Juifs enlèveraient des enfants à des fins de crimes rituels. Alors, ce matin de juillet, les habitants les pourchassent et les exécutent, durant plus de cinq heures. Ce pogrom de Kielce est le catalyseur qui pousse la majorité des Juifs polonais survivants à fuir définitivement leur pays d'origine.

Mon père, dans son dossier de naturalisation, parle de 1946 comme de l'année où il a quitté la Palestine et s'est installé à Munich pour douze mois. La journée qu'il a passée à Wegrow était-elle antérieure ou postérieure à cette flambée de violence de juillet ? Avait-il lu le bulletin de l'agence juive ? Savait-il qu'en revenant, il risquait la mort ?

Un ami juif polonais m'a rapporté ce récit que lui avait fait son grand-père. Lorsque ce rescapé des camps revint sonner à la porte de ce qui était jadis sa maison, un homme qu'il ne connaissait pas lui ouvrit. Devant ce Juif hagard qui tentait de lui expliquer que c'était son ancienne adresse, l'homme passa la main devant son cou d'un geste sec, comme on tranche une tête. Puis il referma la porte. Le message était limpide. Le grand-père quitta le pays le jour même. Est-ce cela qu'a vécu mon père ? Qui a ouvert la porte de chez lui ? Un inconnu, un voisin, un ami de longue date ?

Avant que la nuit n'engloutisse le décor, je pars visiter le plus ancien cimetière juif de la ville. Cette fois, je ne suis à la recherche d'aucune pierre tombale.

Sur le site du cimetière de Brixton à Johannesbourg, je n'ai trouvé aucun espace réservé aux tombes juives, aucune parcelle au nom de Max, qui ne figure pas non plus dans l'index des personnalités. Ses portraits de Freud sont connus dans le monde entier, ils illustrent un nombre incalculable d'ouvrages, mais qui se souvient de son nom ? Eva m'a montré la photo de sa tombe en marbre gris clair. Max y est enterré seul. J'ignore où repose Bertha.

À Londres, les cendres de Freud reposent, avec celles de Martha, dans une urne grecque très ancienne que la princesse Marie Bonaparte lui avait offerte. Je veux y voir une façon d'être réunis avec Sophie, dont la vasque en pierre surplombant la stèle est d'une forme similaire.

Aucune stèle n'a survécu à Brodno, l'un des plus grands cimetières juifs d'Europe, l'un des plus détruits aussi, d'abord par les nazis, puis par les communistes. Les nazis pillaient les pierres tombales et s'en servaient pour refaire les routes. Les communistes les utilisèrent pour reconstruire la ville et stabiliser le fond de la Vistule. On raconte que lorsque le niveau du fleuve est très bas, durant les grandes chaleurs d'été, certaines, reconnaissables à leurs inscriptions hébraïques, deviennent visibles. Devant moi, des stèles arrachées au sol jaillissent de nulle part dans un désordre qui transforme ce cimetière en jardin de l'enfer.

Le soir venu, je pousse la porte d'un restaurant dont le nom, au coin d'une rue, m'a sauté aux yeux comme un antidote bienvenu à ma première journée polonaise : le Tel-Aviv.

Le bistrot est bondé, la nourriture exquise et le serveur curieux. Il voit que je connais les plats les plus typiques de la cuisine méditerranéenne, me demande si je suis juive. Bavard, il me conseille sur les sites à visiter et mentionne une grande artère au centre nord. Au cœur de la ville, face à une statue du général de Gaulle, se dresse un palmier aussi géant qu'incongru. La base est en acier, les feuilles en plastique. Un geste artistique absurde et poétique. Pour l'artiste polonaise qui l'a conçu en 2002, l'installation est destinée à rappeler l'existence à cet endroit d'un important quartier juif nommé jadis Nouvelle Jérusalem. Je pense à l'invocation millénaire « L'année prochaine à Jérusalem ». Le serveur, plus ironique, voit dans ce palmier une référence à l'expression polonaise *Palma odbija* qui peut se traduire par « Quand les poules auront des dents ».

Le lendemain j'ai rendez-vous avec Jakub Duszynski. Cet homme au crâne dégarni et au visage jovial distribue des films, parfois les mêmes que moi. Nous nous croisons dans les marchés, les festivals. Un soir, au hasard d'un dîner professionnel à Toronto, nous sommes assis face à face. J'ose lui avouer qu'il est le seul Polonais que je connaisse à m'inspirer de la sympathie, à quoi il répond dans un sourire : « Je suis le seul Polonais que vous connaissez, c'est tout ! » Je lui parle de mon rapport à la Pologne, de la nécessité que j'éprouve à m'y rendre. Il s'intéresse aussitôt à mon projet et s'engage à me trouver un guide.

Ce matin, ils sont venus ensemble. Witold Wrzosinski est codirecteur de la Fondation pour la documentation des cimetières juifs en Pologne. Il s'est spécialisé dans la lecture des pierres tombales des quelque quatre-vingt-dix cimetières juifs de Pologne. Il fait du travail de recherche et escorte souvent ceux qui comme moi sont en quête de leurs ancêtres. C'est lui qui va m'accompagner.

J'écoute les deux hommes raconter leurs dimanches. Ils sont tous deux quarantenaires et divorcés, pères de famille un week-end sur deux. L'un a deux enfants, l'autre quatre. L'un a déjà refait sa vie, l'autre pas. Ils échangent leurs expériences de garde alternée de préados plus ou moins rebelles. Ils sont touchants, empotés d'un amour qu'ils ne savent pas comment offrir, entre devoir d'éduquer et désir de ne rien sacrifier du peu de temps qui leur est imparti.

Tout en les écoutant, je tape sur Internet le nom de la ville natale de mon père. En vain. Chaque fois que je tape Wegrow je me retrouve sur le site WeGrow, une application qui enseigne comment cultiver le cannabis chez soi…

Nous prenons la route. En passant près du quartier juif, Witold désigne un grand carrefour. « Tout a été construit après la guerre sur les ruines de l'ancien quartier juif, près du ghetto. Il n'y a pas de caves sous ces maisons. Ils ont préféré construire par-dessus, sans fouiller les sous-sols. Je me demande combien de cadavres sont ensevelis sous ces immeubles. »

À la sortie de Varsovie, nous roulons vers l'est. Très vite autour de nous il n'y a plus que des champs, des bouleaux à perte de vue, des maisons à un étage, dont plusieurs en bois, avec fréquemment un petit terrain cultivable à l'arrière. Tous les cinq cents mètres, de simples croix sont coquettement fleuries. En deux heures de route nous ne croiserons ni commerces, ni cafés, ni promeneurs. Seulement des voitures, des croix fleuries, des vaches et des cimetières. Il y a, selon mon guide, quelques tentatives d'agriculture biologique. Au loin, on aperçoit six éoliennes. Mais pour l'essentiel, les Polonais sont sur la ligne des électeurs de Donald Trump. Ils votent très majoritairement à droite, ne croient pas au réchauffement climatique et n'envisagent pas d'abandonner le charbon.

Nous roulons au cœur d'une région qu'ici on surnomme la Pologne B : très peu industrialisée, laissée dans son jus et loin de tout, sur la route qui mène droit à la Biélorussie. Je raconte à Witold ma visite au musée, ma surprise en découvrant que la Pologne a été une terre d'accueil pour les Juifs. Il m'explique que, jadis, les aristocrates traitaient les paysans polonais comme des esclaves, tandis que les Juifs incarnaient une sorte de classe moyenne qui servait d'intermédiaire entre nobles et fermiers. Puisque les maîtres étaient inaccessibles, l'intermédiaire est devenu l'ennemi. Toutes les frustrations se sont dirigées contre les Juifs. « Et aujourd'hui, conclut-il sobrement, il y a du sang juif sur chaque pierre. »

Une heure trente plus tard, deux stations-service de part et d'autre de la route signalent la proximité d'une agglomération. Nous entrons dans Wegrow. Je reconnais la façade d'une supérette Biedronka comme j'en ai vu à Varsovie, reconnaissable à la coccinelle qui lui sert de nom et d'emblème. Nous nous arrêtons devant une maison au crépi gris sale surmontée d'un drapeau. Un panneau bleu indique « Information tourisme ». C'est là que se trouve le bureau des archives.

La secrétaire, une jeune femme au chignon blond, a reçu un courrier de ma part, traduit par Witold. Elle sort d'une armoire fermée à clef des registres qui datent du début du dix-neuvième siècle, entièrement écrits à la main. Mon guide les consulte, prend des notes. Puis il entame la conversation avec son interlocutrice. Je sens qu'il parlemente, tout en me désignant d'un geste de la main. La jeune femme me dévisage, hésite puis hoche la tête et va photocopier plusieurs pages. Elle revient avec cinq photocopies. Mon guide la remercie, je fais de même, dans un anglais qu'elle ne pratique pas. Derrière elle, la porte vitrée surmontée d'une croix vient de s'ouvrir sur un homme plus âgé qui se dirige vers nous. Mon guide a déjà fait prestement disparaître les photocopies dans son blouson. La secrétaire s'est redressée d'un coup, les joues rosies sous l'effet du stress. Une fois dehors, j'apprends que nous avons les bulletins de naissance de mes grands-parents et de leurs cinq enfants. Witold ajoute d'un ton dégagé : « Elle aurait pu aller en prison pour ça. » Les documents ayant moins de cent ans, ils n'ont pas le statut d'archives. S'il est possible de les consulter, les photographier ou les photocopier est interdit et passible d'emprisonnement.

Nous partons à la recherche d'un endroit où s'installer pour lire ces papiers. Nous passons devant une pizzeria sinistre, un café fermé, un coiffeur, un lunetier. Nous croisons peu de passants et aucun animal domestique, pas même un chat ou un chien errant. Il y a beaucoup de voitures garées mais très peu d'habitants. Est-ce qu'elles ne servent que le week-end ?

Nous finissons par nous asseoir autour de ce qu'une boulangère aussi raide que son chignon laqué nous désigne pompeusement comme étant le « coin repas » de sa boutique, un guéridon instable au bois taché de graisse sur lequel nous posons deux parts d'une quiche froide.

Le bulletin de mariage de mes grands-parents indique que ma grand-mère, Feiga, avait un an de plus que son mari, Samuel. Elle était née le 22 août 1887 à Wegrow, la ville où sa famille était installée depuis plusieurs générations. Le document signale qu'ils exerçaient la profession de marchands, sans autre précision. Mon grand-père Samuel était né le 14 novembre 1888. Sa famille venait d'une ville voisine, Kaluszyn, et ses ancêtres d'une autre, plus importante, Biala Podlaska. Ils exerçaient la profession de *kantor*. Cela signifie qu'ils avaient l'exclusivité de la vente des billets de loterie et la charge d'en communiquer les résultats. Aujourd'hui, on voit le mot *kantor* un peu partout dans les villes polonaises. Il indique la présence d'un bureau de change. Étrange destinée pour un mot qui chez les Juifs désigne celui qui chante les prières aux côtés du rabbin dans les synagogues. C'est donc sous cette profession de *kantor* que la famille de mon père était inscrite depuis plusieurs générations. Être *kantor* était un droit attribué à une famille et qui se transmettait de père en fils. Auparavant, dans les générations précédentes, les ancêtres de mon père fabriquaient les chapeaux fourrés que portent les Juifs orthodoxes ainsi que les *tefillin*, ces petits boîtiers cubiques qui contiennent des passages de la Torah et que les pieux, à l'heure des prières, attachent avec des lanières en cuir aux bras et sur le front. Witold, qui a trouvé ce complément d'informations, en est convaincu : mon grand-père est venu s'installer à Wegrow par amour pour ma grand-mère ; la seule famille Halberstadt qu'il y ait jamais eue à Wegrow est la sienne.

Les dates sur les certificats me donnent une idée plus précise de l'ordre des naissances. Mon père, né le 15 novembre 1915, était l'aîné, suivi deux ans plus tard par son frère Israël, né le 20 novembre 1917, puis son frère Aron, le 14 décembre 1919. Ensuite vinrent les deux sœurs dont je découvre enfin les prénoms, Hinde, née le 8 novembre 1922, et la petite dernière, Mindel, un « accident » sans doute, puisqu'elle était née en 1925, selon ces documents. Je sais qu'une de ses sœurs était sa préférée. Était-ce elle, la toute petite, de dix ans sa cadette ? L'aimait-il comme un père ? Je découvre là une correspondance secrète entre lui et ma mère, dont le frère était de onze ans son cadet et qu'elle a toujours considéré comme le premier enfant qu'elle ait élevé. Je remarque que les sœurs et les frères de mon père ont été déclarés dans les quarante-huit heures qui ont suivi leur naissance. Dans le cas de mon père, en revanche, son certificat de naissance d'origine n'existe plus car, à la suite d'un incendie dans les années vingt, les registres d'état civil entre juin et décembre 1915 ont été détruits. Le certificat photocopié ce matin date du 6 septembre 1933. Je calcule que mon père avait alors presque dix-huit ans. Mais sur le papier, sa date de naissance indiquée est fausse : 13 septembre 1915. Pourquoi avoir menti ? Avait-il un besoin impérieux d'avoir dix-huit ans deux mois plus tôt ? Pourquoi avoir changé le mois mais aussi le jour de sa naissance ? Est-ce uniquement une erreur de transcription ? Je remarquerai ensuite que, selon les documents, les années de naissance de mes grands-parents varient. « Les erreurs étaient fréquentes », m'assure Witold. Mais le cumul de deux erreurs dans la date de naissance de mon père me rend perplexe.

Witold a retrouvé les dates de décès de mes arrière-grands-parents. En revanche, aucun papier n'atteste de la date et du lieu où sont morts mes grands-parents et les sœurs de mon père. Il fallait s'y attendre même si, dans le cas de ma grand-mère, c'est plus étonnant puisqu'elle est décédée de maladie avant la guerre. Les Allemands étaient-ils déjà entrés à Wegrow au moment de son décès ? Cela expliquerait que sa mort n'ait pas été déclarée. Se rendre dans un bâtiment officiel tenu par des nazis aurait été comme à se jeter dans la gueule du loup.

Toujours selon mon guide, le polonais était la langue employée pour les documents officiels. Mais des familles juives orthodoxes comme celle de mon père parlaient prioritairement le yiddish au sein de leur communauté. Mon père comptait-il en yiddish ? Cela éveille en moi de lointains souvenirs. Il faudrait que je demande à ma sœur. Mais je ne lui ai pas parlé de ce voyage en Pologne. Je ne voulais pas qu'une présence aimante brouille mon ressenti, perturbe mes impressions. Je suis comme le jeune Ernst qui se consolait dans la solitude. Il y a des pèlerinages que j'ai besoin de faire seule.

Nous partons à pied visiter un bâtiment public au style baroque assez joliment retapé, au fronton duquel un calicot annonce une exposition de photos datant de 1939. À l'intérieur, nous apprenons que nous sommes à la bibliothèque municipale. Mais il n'y a aucun livre. Seulement des bureaux derrière lesquels trône un drapeau de l'Europe qui, d'après mon guide, finance ce lieu chargé de valoriser l'art régional et d'héberger un improbable musée du textile. L'exposition de photos vantée à l'extérieur est reléguée au sous-sol, derrière des décors en papier conçus pour une fête de village, avec des petits chapeaux, des peluches et des fleurs en papier kraft. La responsable nous apprend que ces photos ont été prises par des soldats de la Wehrmacht, vendues par leurs petits-enfants sur eBay, puis achetées et encadrées par la bibliothèque, dans un effort de mise en valeur à des fins culturelles fort louables – en tout cas, elle tient à nous en persuader.

Je peux enfin voir à quoi ressemblait la ville où mon père a grandi : une enfilade de maisons aux toits de chaume, toutes similaires, parfois uniformément recouvertes de neige. On aperçoit des hommes portant la casquette, des femmes aux cheveux tirés en chignon, des châles tricotés main posés sur leurs épaules, qui patientent sur les pas de porte, guettant le retour des enfants. Partout des carrioles tirées par des chevaux. Ces images datent de 1939, mais visiblement, à cette date, Wegrow vivait encore au dix-neuvième siècle.

Devant ces clichés figés où chacun prend ostensiblement la pose, j'imagine la façon dont Max les aurait photographiés. Il aurait saisi des instantanés de vie : des hommes au travail, des enfants qui jouent, des femmes qui bavardent. Il aurait su capter la langueur d'une fin de repas, la joie d'un enfant sur sa luge. Son regard me manque.

Sous la photo d'une synagogue, la légende me fait sursauter : « Place Bozniczny ». C'est l'adresse qu'a renseignée mon père dans son dossier de demande de naturalisation. J'apprends que Bozniczny signifie « synagogue » en polonais.

Mon père vivait donc ici, à l'ombre de cette belle bâtisse blanche, avec sa double porte d'entrée, ses deux tourelles au-dessus du toit et, à son sommet, un livre de prière ouvert gravé en frontispice. On ne voit pas la place où elle est dressée, seulement une coquette maison basse à sa gauche (j'apprendrai plus tard que c'était une *yeshiva*, une école d'études juives) et le dos d'une autre maison, plus haute, à sa droite, sans doute celle qui abritait les bains rituels.

Je connais maintenant l'endroit où mon père allait prier. Je l'imagine, tel qu'il était sur les rares photos de jeunesse que j'ai vues de lui. Il avait encore des cheveux qui, l'été, blondissaient au soleil, ce qui mettait en valeur ses yeux bleus d'une douceur infinie. Mon père a foulé ce parvis en pierres que j'aperçois sur la photo, jusqu'à l'année de ses seize ans. Je l'imagine marcher vers la synagogue, donnant la main à la plus grande de ses sœurs. Peut-être portait-il la petite dernière à califourchon sur ses épaules, ne la faisant descendre qu'au pied de la double porte ouverte pour l'office. Elle devait détester ce moment où il fallait se détacher de son grand frère pour aller s'asseoir au premier étage, là où les femmes prient entre elles. Est-ce qu'elle était autorisée à descendre exceptionnellement s'asseoir avec les hommes pour l'ultime prière des fêtes de Kippour, comme je le faisais petite fille, aux côtés de mon grand-père maternel ? Je me souviens de l'odeur un peu humide de son *taleth*, le châle de prière dont les franges me chatouillaient le nez et qu'il m'autorisait, ensuite, à ranger dans sa housse en velours bleue. À la sortie, son bras autour de mes épaules, il me présentait fièrement à qui venait le saluer.

Le cliché suivant, non daté, témoigne qu'un muret en pierres a été dressé autour de la synagogue, dans une tentative dérisoire de protéger le lieu saint. À sa droite, le mur de la maison aperçue sur le cliché précédent a été détruit.

Entre les deux photos, les nazis sont entrés à Wegrow. Plus loin, deux d'entre eux regardent en riant un des leurs raser la barbe d'un Juif pieux. Sur une autre photo, des gamins, à ski dans la neige, se sont arrêtés pour faire le salut nazi à l'homme qui les immortalise. Ces derniers clichés ont été pris en septembre 1939.

La dernière photo, non datée, est celle d'un cimetière détruit par un bombardement. Des stèles brisées, des tombes éventrées, un mur d'enceinte troué de balles, le tout sous une pellicule de neige que les explosifs ont noircie.

Dehors, il fait trop sombre pour que nous poursuivions nos investigations. Nous nous dirigeons vers l'hôtel Everest, un nom absurde dans un pays aussi plat, qui s'explique par la décoration des lieux conçue pour évoquer un chalet de montagne. Le faux bois imitation chêne éclairé par des spots trop forts ne fait guère illusion. Dans l'escalier en revanche, la lumière est dangereusement faible. Elle monte en puissance automatiquement, au moment précis où trébucher semble inévitable. Il en va ainsi à chaque angle des cinq couloirs qu'il faut emprunter avant d'arriver à des chambres exiguës, aux lits étroits anormalement bas, où, comme le dit Witold en entrant dans sa salle de bains, « le papier toilette, comme la literie, doit dater de 1945 ».

Le lendemain matin, après un petit déjeuner rythmé par les reportages d'une chaîne d'info polonaise qui marche à plein volume, nous découvrons, sur le terrain vague en face de l'hôtel, qu'à l'aube s'est installé un marché hebdomadaire, ouvert de sept heures à vingt-deux heures. Il tient autant du troc que du primeur, des habits d'occasion côtoient des portants de doudounes et des cartons remplis de chaussures dépareillées sont posés à côté des marchands de pommes et de betteraves.

Ce matin, le brouillard humide nous fait grelotter. Nous reprenons la voiture. Witold me fait remarquer que certaines maisons ont leur porte d'entrée sur le côté, ce qui prouve qu'il s'agit d'une famille catholique. Les Juifs faisant du commerce, leur entrée était toujours de face. Nous roulons le long de ce qui était jadis la vraie place du marché. À présent, c'est un parking bétonné à la va-vite, sans arbres ni fleurs.

Ma priorité est de me rendre place Bozniczny, là où vivait mon père.

Witold désigne du menton un lieu sans âme. Je regarde autour de moi, je compare avec la photographie de la synagogue que j'ai enregistrée sur mon téléphone. Il ne reste absolument rien. Ni la synagogue, ni les deux maisons, ni même les pierres qui pavaient le sol. Par terre, rien n'est bétonné, on marche sur un terrain de sable et de boue gelée. À l'endroit où se dressait la synagogue, il y a un bâtiment jaune clair qui doit dater des années cinquante. C'est le quartier général de la police. À côté, un bloc horizontal rouge : un hôpital. Partout, des voitures garées tête-bêche, dans des flaques de sable sale et d'eau croupie. La place est immense, bien plus large que ne le laissait deviner le cliché de la veille. À l'autre extrémité, quasiment entre les voitures, Witold remarque un gros rocher orné d'une grande plaque en marbre. Sur cette plaque, le visage d'un homme taillé dans la pierre. Il s'agit, nous apprend le texte gravé dessous, d'un certain Angel Rosenblat, né en 1902 à Wegrow, mort en 1984 au Venezuela. Ce scientifique apparemment célèbre émigra en Argentine en 1906 avec sa famille. Il y créa un institut de philologie et écrivit un classique intitulé *La Population de race indigène et le métissage en Amérique*. En exergue figure cette citation de lui : «Je suis né à Wegrow, une bourgade polonaise qui, comme beaucoup me l'ont dit, est aujourd'hui une ville ravissante.»

La plaque et le rocher sont installés sur un terre-plein serti de pierres. Et c'est là, adossée au terre-plein, qu'est posée une autre plaque, bien plus petite. Une pauvre plaque rectangulaire grise, imitation marbre. Elle comporte une inscription en trois langues : polonais, hébreu et anglais, chacune surmontée par une étoile de David. Dans un anglais bourré de fautes de syntaxe, je lis : « En mémoire d'environ huit mille Juifs de Wegrow et des environs, assassinés durant la deuxième guerre mondiale par les génocideurs allemands. » Un espace vide sépare ce bloc de mots du bloc suivant : « Dans les environs, il y avait une synagogue désacralisée et détruite par les occupants allemands. » Cette plaque commémorative porte le nom pompeux de « table de la mémoire ». Elle n'a été installée là qu'en 2014, grâce à l'acharnement d'une association d'amitié israélo-polonaise.

Ici, sur cette étendue de gadoue mal éclairée où j'aurais peur de m'aventurer seule la nuit, il y a eu une synagogue, le lieu sacré d'une vie religieuse. Ici, il y a eu des familles qui se sont réunies pour chanter et psalmodier. Ici, durant la prière de *yiskor* (le souvenir) à laquelle seuls ceux qui ont perdu un père ou une mère ont le droit d'assister, il y a eu des enfants qui sont sortis de la synagogue pour attendre dehors, sur le parvis. Cette prière dure généralement trente minutes pendant lesquelles, à l'extérieur de toutes les synagogues à travers le monde, des adolescents se croisent, font connaissance. Plusieurs histoires d'amour ont commencé ainsi, pendant la prière du souvenir. Ici aussi, sûrement, il y a eu des filles qui sont tombées amoureuses et des garçons rougissants que ces filles intimidaient.

Quand j'étais petite, cette prière me semblait interminable. Quand enfin nous pouvions retourner nous asseoir, je me souviens que ma mère avait toujours les yeux rougis d'avoir pleuré. À ses côtés, mon père était livide, fermé. Il avait les yeux secs, le visage dévasté.

Triste privilège des orphelins, ma sœur et moi assistons désormais à *yiskor*.

Aujourd'hui, de tous ces enfants, de tous ces parents, de toutes ces prières, de toutes ces romances, il ne reste qu'un no man's land et une plaque installée de l'autre côté du lieu qu'elle prétend commémorer.

Je demande à Witold de quand date la construction du quartier général de la police et de l'hôpital. Il m'apprend que la place a été entièrement détruite pendant la guerre.

Il a vérifié, il est formel : en 1945, il ne restait rien.

Lorsque mon père est revenu à Wegrow, en 1946, il n'a donc pas pu retourner chez lui. Il n'a pas pu rencontrer un voisin ou un étranger qui se serait installé là où il avait grandi.

La légende familiale rapportée par ma mère, que je trouvais cruelle, est un mirage.

En 1946, place Bozniczny, il n'y avait plus aucune maison, pas même une porte où frapper. Quand mon père est retourné dans son village natal, il n'a trouvé qu'un terrain vague, des ruines et des cendres.

Il nous reste à visiter l'ancien quartier juif de la ville, là où les nazis avaient instauré le ghetto. Ici, pas de gadoue ni de sable mouillé. C'est le contraire. Une zone industrielle occupe tout le carrefour. Devant nous une usine Additi qui fabrique des meubles, à côté une société qui transforme le lait en fromage à tartiner, plus loin un grand auvent vitré qui sert à garer des deux-roues.

En face des vélos, cachées par les voitures qui stationnent devant sans que cela soit interdit, incongrues dans cet environnement aseptisé, irréelles et comme jaillies de nulle part, une cinquantaine de pierres tombales se dressent en arc de cercle autour d'une stèle sur laquelle figure, gravé en polonais, le commandement « Tu ne tueras point ». Dessous, un texte en polonais, traduit cette fois uniquement en anglais mais toujours avec des fautes, précise qu'au dix-septième siècle un cimetière occupa ici « une large étendue ». Que les Allemands procédèrent à des « exécutions de masse des Juifs » sur les lieux mêmes du cimetière. Qu'en 1943, les Allemands décidèrent « de liquider ces charniers et de les brûler dans un camp de concentration appelé Petit Treblinka ». En conclusion, le texte précise que cette enclave a été construite en 1982 et qu'elle contient des tombes qui datent des années soixante. Enfin, la signature veille à ce que la Pologne soit officiellement exemptée de tout soupçon : « À la mémoire des Juifs de Wegrow assassinés par les Allemands de 1939 à 1944. »

À la place des meubles, des vélos, de la fabrique de fromage, se dressait jadis le cimetière dont j'ai aperçu une photo la veille. Ici il y a eu des tombes et des assassinats de masse. Cette enclave, ces usines, ce carrefour sont indignes. Ce lieu devrait être sacré.

Witold m'apprend que, chaque année, inlassablement, un rabbin écrit aux autorités pour réclamer précisément qu'on procède à la sanctuarisation des lieux.

Ses courriers demeurent sans réponse.

Shraga Feivel Bielawksi, un rescapé émigré aux États-Unis et aujourd'hui décédé, est l'auteur d'un texte écrit en yiddish, traduit en anglais et publié à compte d'auteur en 1991 : *Le Dernier Juif de Wegrow*.

Hier soir, assise sur mon petit lit au ras du sol de l'hôtel Everest de Wegrow, j'ai enfin ôté le film plastique qui l'entourait. Sur la couverture en carton gris clair, le titre est écrit en lettres d'or dans un cartouche rouge sang. Le livre est assez bref, cent soixante-cinq pages.

Il m'a fallu la nuit pour en venir à bout, suffoquée par les atrocités qu'il détaille avec détachement, comme on rédige un rapport.

Wegrow tombe entre les mains des nazis le 7 septembre 1939. À l'époque, le rabbin de la ville s'appelle Jacob Mendel Morgenstern. Il a fermé la synagogue, compte tenu des circonstances. Mais pour l'instant, les Allemands ne semblent pas intéressés par ce symbole de la communauté.

Le 23 septembre, c'est Yom Kippour, le jour du Grand Pardon, la fête la plus importante du calendrier juif. C'est le jour où, à Londres, Freud rend son dernier souffle. À Wegrow, les Allemands arrêtent le rabbin chez lui à l'aube. Il porte déjà son manteau de prière en soie noire. Ils le forcent à mettre son chapeau en fourrure et l'emmènent jusqu'à la place du marché. Là, ils lui mettent un balai dans les mains et lui font ramasser le crottin des chevaux qu'il doit déposer dans son chapeau pour ensuite en jeter le contenu dans la fosse. Après lui avoir fait nettoyer toute la place, ils le forcent à se déshabiller. Quand il est en sous-vêtements, un soldat lui enfonce une baïonnette dans le ventre. Il décède le lendemain matin.

Dans les semaines qui suivent, les huit mille Juifs de Wegrow sont rejoints par d'autres Juifs des environs, que les Allemands ont amenés là de force. En 1942, ils sont seize mille.

Le 21 septembre 1942, jour de Kippour cette année-là, les prières retentissent pour la dernière fois dans la belle synagogue construite sept cents ans auparavant. Le lendemain, elle sera détruite, comme l'école religieuse, le bain rituel et toute la place Bozniczny. Les nazis rassemblent autant de Juifs qu'ils parviennent à en arrêter, avec la complicité des Polonais. Ils leur disent de préparer un sac avec des vêtements chauds car ils partent travailler pour l'hiver. Ils montent dans des camions. Une heure de trajet les sépare de Treblinka.

Dans les jours qui suivent, les Juifs qui avaient réussi à se cacher sont retrouvés, dénoncés par les habitants. Ils sont rassemblés dans le cimetière et doivent creuser les fosses dans lesquelles ils sont aussitôt jetés, après avoir été tués par balles.

Les sœurs de mon père ont été déportées à Treblinka.

Je suppose que leur père était parmi ceux qui furent fusillés au cimetière.

Dans son livre de mémoires, le « dernier Juif de Wegrow » se souvient de ces jours et du cri lancinant qui montait des tombes vers le ciel, un mot hébreu inlassablement répété par les victimes, jusqu'à ce que le bruit des balles y mette fin : « *Adas, adas, adas*, sois témoin… »

Il est quinze heures lorsque nous arrivons à Treblinka. L'air n'a cessé de se refroidir, le brouillard est dense. Il n'y a quasiment personne, ce mardi de novembre. À l'entrée, une plaque en français précise que huit cent mille Juifs ont été assassinés là, entre juillet 1942 et août 1943.

Ce camp d'extermination est resté caché durant presque soixante-dix ans. Ici, longtemps après la guerre, il n'y eut que du sable. Les Allemands avaient effacé toutes les traces de leurs crimes.

Aujourd'hui, on ne voit plus rien du camp. Même les rails de chemin de fer ont été enlevés.

Alors on marche. On suit une allée dans la forêt. Tout au long, sur deux kilomètres environ, des marques indiquent où passait le train. La forêt est sauvage, livrée à elle-même. On sait maintenant qu'elle contient des charniers, les corps de tous ceux qui n'ont pas pu être brûlés. Par manque de rendement de la chambre à gaz. Parce qu'ils ont été fusillés en arrivant. Parce qu'ils sont morts de faim, de maladie, d'épuisement.

Étiré à intervalles réguliers entre les arbres, un ruban blanc égrène en lettres noires les noms des victimes dont l'identité est connue.

Au bout du chemin, une haute stèle domine un cercle autour duquel sont posées des pierres. Chacune porte le nom d'un village. Ceux d'où venaient les victimes.

Très vite, sur ma droite, je trouve la pierre sur laquelle est gravé le nom de Wegrow.

J'y pose deux cailloux blancs. Pour Hinde et Mindel, les deux sœurs de mon père.

Je ne connaîtrai jamais leurs visages.

Je murmure la prière des morts, pour elles, pour leurs parents, pour leurs ancêtres, pour l'unique famille Halberstadt née et disparue à Wegrow.

De retour à Paris, j'ai du mal à trouver le sommeil. Ce ne sont pas les images de Treblinka qui me hantent, mais le petit livre à la couverture cartonnée que j'ai lu en Pologne.

Après le passage où il décrit la mort du rabbin, le « dernier Juif de Wegrow » relate comment, la semaine suivante, les Allemands ont réuni les leaders de la communauté juive pour leur ordonner de constituer un *Judenrat*, un conseil juif local qui servirait d'intermédiaire entre les autorités nazies et la population. Concrètement, il s'agissait de livrer des Juifs aux Allemands chaque fois qu'ils le réclameraient. Personne ne souhaitait être membre d'une telle assemblée, mais les leaders juifs n'avaient pas d'autre choix que d'obéir.

C'est là, en haut de la page 22, que je lis : « Mordechai Zajman est choisi pour présider le *Judenrat*. Samuel Halberstadt en est le vice-président. »

Mon grand-père, le père de mon père, a donc été désigné pour collaborer avec le diable tout en essayant de protéger ses coreligionnaires. Une position intenable que l'auteur du livre décrit en ces termes : « Ils savent qu'ils ont le choix entre suivre les ordres à la lettre ou être exécutés. » Plus loin, il révèle que, étant forcé de livrer chaque jour un nombre croissant de Juifs destinés à partir vers Treblinka, le président du *Judenrat* a choisi le suicide, en juillet 1942.

J'ai beau relire le livre à m'en user les yeux, je n'y trouve pas d'autre mention de mon grand-père. Quel camp avait-il rejoint ? Celui des collaborateurs zélés ou au contraire celui des résistants de l'ombre, qui essayaient chaque jour de gagner du temps, de sauver des vies ? On peut imaginer la cruauté quotidienne de cette position, les dilemmes insoutenables qu'elle engendrait. Les membres du *Judenrat* pouvaient toujours tenter de protéger les membres de leur communauté, de les défendre, c'était pour l'ennemi qu'ils travaillaient.

Je passe des semaines à lire des témoignages, à confronter des avis. Certains membres des conseils juifs prônaient l'obéissance, affirmant que c'était la seule façon d'éviter un massacre, de préserver le ghetto. Fallait-il collaborer pour sauver autant de Juifs que possible ou au contraire résister, encore et toujours, quitte à risquer que tous périssent ?

Je finis par demander à un ami les coordonnées d'une historienne réputée, spécialiste de la Shoah, à qui j'adresse un long mail, comme une bouteille à la mer. Sa réponse, sèche mais précise, ne fait que conforter mes craintes : « Je ne peux brièvement répondre à cette question d'une grande complexité. Certains conseils juifs ont été des lieux de véritables résistances ; d'autres ont simplement essayé de sauver ce qui pouvait l'être ; d'autres encore ont franchement collaboré… Il faut regarder cas par cas. »

Le débat autour des *Judenrat*, retentissant depuis le livre *Eichmann à Jérusalem* d'Hannah Arendt, n'est pas près de s'éteindre.

Je n'avais pas imaginé, en partant à la recherche de mes racines, qu'il viendrait me hanter à mon tour.

C'est de ma faute. J'ai désobéi à mon père, bravé l'interdit, ouvert la boîte de Pandore.

Je suis seule avec mon pauvre petit secret.

Il pèse lourd sur ma conscience.

Quelques semaines plus tard, au festival de Berlin, j'en parle à un homme dont je respecte l'instinct et la droiture morale. Renen Schorr, qui a été réalisateur et producteur, dirige avec passion, autorité et enthousiasme la Sam Spiegel Film and Television School de Jérusalem. Il a aussi créé un laboratoire, véritable incubateur de jeunes talents, où chaque année, grâce à lui, je découvre des réalisateurs et des projets passionnants. J'ai une grande affection pour cet homme maigre et chauve, chaleureux et bavard. Il parle l'anglais comme un Israélien, avec l'accent tonique à contretemps, des *r* trop gutturaux, et j'ai l'impression d'entendre mon père. Il est bien plus tonitruant que lui mais, sous les rodomontades, la timidité et la pudeur sont les mêmes.

Renen m'écoute avec gravité, sans m'interrompre, mais quand je lui demande ce que je dois faire de cette information qui me perturbe tant, il me prend les mains avec force. « Tu n'en sais pas assez, donc dis-toi que tu ne sais rien. Tu n'écris rien. Et tu n'en parles pas, même à ta sœur. C'est une information incomplète, et tant qu'elle le reste, elle ne doit pas exister dans ta vie. »

Je suis saisie par sa réaction. Il a sans doute raison. Mais j'ai fait avec cette enquête le pari de la vérité. Comment puis-je passer sous silence la terreur dans laquelle m'a plongée cette petite phrase lue par hasard dans un texte écrit par un homme décédé il y a trente ans ?

Avant de rentrer à Paris, je me rends à un dîner organisé par Albert, mon ami de Hambourg, celui qui m'avait conseillé mon hôtel trop neuf, construit sur les ruines de la Gestapo. Je sais qu'il rassemble chaque année quelques amis dans un appartement qu'il loue durant la Berlinale, mais d'habitude, il le fait plus tardivement, à une date à laquelle je suis déjà repartie. C'est la première fois que mon séjour et son invitation coïncident.

Lorsque j'arrive, un peu en retard, dans un grand salon joliment meublé de bois clair qui porte encore les traces des décorations de Noël, je découvre une cinquantaine de personnes debout, un verre à la main. Elles forment un cercle autour d'Albert et l'écoutent présenter, en quelques phrases, chacun de ses invités. Quand il m'aperçoit, il improvise aussitôt à mon sujet et m'annonce comme une « distributrice française qui écrit et mène en ce moment une enquête passionnante autour de son nom, Halberstadt, qui fera l'objet de son prochain livre ». Je lui souris, touchée par son ardeur à vouloir me mettre en valeur. Mais intérieurement je peste de l'entendre exposer devant tout le monde un sujet avec lequel je me débats, dont l'écriture est encore hasardeuse, qui pour l'heure est loin de ressembler à un texte que j'aurais envie de donner à lire. Je me détends en sirotant le verre de bordeaux qu'il vient de me servir. L'ambiance est conviviale, tout le monde participe à l'élaboration du dîner. Après le dessert, les conversations se fragmentent, chacun va de groupes en groupes. Une grande femme brune m'attrape soudain par le bras. « Je m'appelle Barbara et je vis à Hambourg. Albert m'avait parlé de votre recherche. J'ai un ami qui vient de fêter ses soixante-dix ans dans une ville qui s'appelle Halberstadt, je sais qu'il s'y rend assez souvent, il faut absolument que je vous mette en contact ! »

Le lendemain elle m'envoie ses coordonnées. Il me répond dans la journée. Michael Studemund-Halevy, qui s'enorgueillit, à juste titre, d'avoir pour arrière-grand-oncle le compositeur Georges Bizet, a durant trente ans travaillé à l'Institut de recherches sur les Juifs d'Allemagne. Il est à présent associé à un groupe de recherches en cultures manuscrites. Il est également organisateur d'universités d'été autour de la culture juive, dans la ville de Halberstadt. Il n'a, hélas, aucune information à m'apporter quant à mon nom de famille et n'en possède pas davantage au sujet de Max. Mais son mail est chaleureux. Je m'enhardis à lui demander s'il sait où je pourrais trouver des informations concernant le ghetto de Wegrow, voire son *Judenrat*. Il me répond que sa pratique de la langue polonaise n'est pas très bonne et qu'il n'a aucun ouvrage à me conseiller sur le sujet.

Les semaines passent et je renonce à en savoir davantage.

Un matin, mon ordinateur s'ouvre sur un nouveau mail de lui. Un membre de sa famille qui vit en Pologne lui a signalé deux gros volumes de huit cents pages chacun qui traitent du sort des Juifs et de leur vie dans les ghettos. Un chapitre entier, dans l'un des deux tomes, concernerait Wegrow. Ces textes n'ont jamais été traduits mais il m'en indique tout de même les références.

Je commence par dédaigner ces informations. Cela fait maintenant six mois que je vis avec les fantômes du *Judenrat*, que je lis des analyses, des thèses, des récits. Je me suis faite à l'idée de ne jamais savoir. En réalité, je préfère l'ignorance. Mon père a passé sa vie avec la certitude que son père avait été assassiné par les Allemands. À ses yeux il était un héros, un martyr de la guerre, un homme qui s'était sacrifié pour sauver les siens. Qui suis-je, quatre-vingts ans après les faits, pour vouloir réécrire cette histoire ? Au nom de quoi ? D'une enquête que nul ne m'a chargée de faire et qui ne sera utile à personne ?

Mais ce mail est là, tapi dans mon ordinateur comme un mauvais génie qui n'attend que de sortir de sa boîte.

Alors, une nuit, je me lance sur Internet. Il me suffit de quelques minutes pour trouver le tome où il est question de Wegrow. Durant les huit jours qu'il met à me parvenir, je m'abreuve de questions inutiles : est-ce un livre de recherches, un texte qui fictionnalise quelques histoires vraies, ou bien un ouvrage rassemblant divers témoignages ? À qui vais-je en confier la traduction ? Vais-je y trouver ce que je cherche ? Suis-je certaine de le vouloir vraiment ?

Le livre arrive enfin, sobre et lourd, joliment relié, avec en couverture la photo d'une adolescente brune au regard noir et vif qui semble s'échapper d'une cachette. Elle fait immédiatement penser à Anne Frank, mais son visage est plus ovale et ses joues plus rondes.

J'ouvre l'ouvrage par la fin. J'y trouve un index des lieux. La ville de Wegrow est mentionnée dans plus de quatre cents pages. La tâche est incommensurable. Je repose le livre.

Le lendemain, je le rouvre, toujours par l'arrière, mais cette fois je découvre qu'avant l'index des lieux figure celui des noms de personnes. Je parcours fébrilement les H.

Il est là. Halberstadt, Samuel.

Une seule entrée : page 442.

Cette page fait partie d'un chapitre dont je ne saisis

que la date : 22 septembre 1942. Le jour du massacre des Juifs, le lendemain de Kippour.

Le nom de mon grand-père figure à la sixième ligne.

Je ne sais pas ce qui est écrit, mais j'ai la certitude que la réponse est là, dans cette langue que je ne déchiffre pas.

Après son nom je compte huit mots, que je recopie maladroitement, l'un après l'autre, en tentant de reproduire sur mon ordinateur les étranges accents, tantôt graves, tantôt aigus, perchés au-dessus de certaines lettres, comme des croches minuscules. Je tape la phrase et je l'envoie à mon ami distributeur polonais, Jakub. Je cache ma terreur dans un mail qui se veut léger, presque anodin : « J'ai trouvé dans un ouvrage cette référence à mon grand-père, alors je suis curieuse de savoir ce que cette phrase signifie. » J'appuie sur « Envoyer » et je sors m'inventer une course à faire, car je ne peux pas rester assise à attendre que mon ordinateur sonne, que la sentence tombe.

Je marche dans la rue et le soleil commence à réchauffer mes joues, lorsque la vibration de mon téléphone m'arrête alors que je passe devant une station d'autobus. Jakub a mis exactement quinze minutes à me répondre. Mes genoux s'entrechoquent.

Je m'affaisse sur la banquette de l'abribus, j'avale une goulée d'air et je lis : « Je m'apprête à partir en famille au bord de la mer Baltique. La phrase que tu m'as envoyée signifie : “Samuel Halberstadt a résisté aux Allemands et fut assassiné sur place, d'une balle dans la tête." »

Je tremble comme une feuille sur mon banc en plastique jaune. J'ai envie de pleurer de soulagement, de reconnaissance. Des larmes de joie, comme celles que j'ai versées dans les bras de mon père sur le bateau allant en Israël.

Ce jour de 1946 où il est retourné à Wegrow, il ne restait rien. Ni maison ni famille. Mais il a trouvé de quoi nourrir la conviction que son père avait été courageux et digne.

Il a cru en lui, sans avoir aucune preuve.

Aujourd'hui, je sais qu'il avait raison.

Son père est mort en martyr, en héros, en résistant.

Je n'ai pas ouvert la boîte de Pandore.

J'ai simplement posé un caillou de mots sur une tombe qui n'existe pas.

Halberstadt signifie, littéralement, « demi-ville ». Pourtant, il existe une ville allemande de cinquante mille habitants qui porte ce nom.

En 804, Charlemagne y fonde un évêché. En 1807, elle est annexée à la Westphalie et en 1815 à la Saxe. En 1912, on y installe des usines d'aviation. Le 8 avril 1945, les Américains bombardent la ville. En mai, ils l'abandonnent aux forces britanniques qui, en juin, la cèdent à l'Armée rouge. En 1949, Halberstadt devient une ville d'Allemagne de l'Est.

Depuis 1978, on y fabrique des wagons. Les voitures Halberstadt sont rouge vif. Elles sont en service sur tout le réseau ferroviaire régional allemand.

C'est presque tout ce que je connais de la ville dont je porte le nom.

Je me souviens qu'étudiante, j'avais appris que le congrès unifiant pour la première fois tous les syndicats allemands s'était tenu à Halberstadt, en 1882. J'avais oublié cette information quand, des mois plus tard, j'assistai à l'oral d'un concours de grande école, où ma sœur faisait son exposé puis répondait aux questions du jury. Un des membres l'interrogea : « Que savez-vous sur votre nom de famille ? » Ma sœur connaissait l'existence de la ville, rien de plus.

J'ai en tête une photo de mon père posant, en cravate et veste estivale, devant le panneau de Halberstadt. Je me rappelle l'avoir regardée avec une pointe de condescendance. J'y voyais la preuve d'un sentimentalisme qui ne lui ressemblait pas, lui qui avait la nostalgie en horreur. Ma sœur accompagnait mes parents dans ce voyage. Une façon de faire un sort définitif à cette question qui avait failli ruiner son concours ?

J'ignore quand ils ont visité Halberstadt. Ce devait être dans les années quatre-vingt-dix. Ils étaient en villégiature en Allemagne. Halberstadt fut une halte sur leur chemin de retour.

Je m'y rends via Hanovre, où je prends un taxi.

Le chauffeur aux cheveux blancs tente d'expliquer à une application sur son téléphone qu'il veut se rendre à Halberstadt, mais l'appareil ne saisit pas sa demande. Sans doute est-ce sa voix chevrotante qui ne porte pas suffisamment, ou bien son phrasé brouillé, encombré par ce qui ressemble à un appareil dentaire mal adapté. Il s'y reprend à trois fois. Enfin, une voix féminine et nasillarde jaillit de son portable en indiquant une direction. Le taxi s'engage sur une autoroute. Rassuré, le conducteur appelle sa femme. N'ayant échangé avec moi que quelques mots dans son anglais très approximatif, il présume que ma connaissance de la langue allemande est inexistante et parle à sa femme comme s'il était seul à bord, tout en me jetant quelques regards depuis son rétroviseur. « Là je pars à Halberstadt, un aller-retour, j'en ai pour trois heures. Je sais, mais une course à trois cents euros, c'est pas tous les jours. Une femme, oui, une étrangère. Pour affaires, certainement. Juste une petite valise. Heu… je dirais sympathique, mais pas bavarde. » Je me tourne vers la fenêtre pour qu'aucun muscle de mon visage ne me trahisse.

Après une heure de route dans un silence à peine gâché par de la pop allemande issue d'un autoradio qui heureusement n'est pas équipé de haut-parleurs à l'arrière, la voiture traverse des rues mornes, désertes, aux enseignes démodées, aux teintes passées. J'ai un sentiment de déjà-vu, comme si je me promenais dans des archives aperçues sur un téléviseur en noir et blanc. Ces façades défraîchies, ces habitants âgés, cette absence de gaieté, de couleur, de modernité, j'ai l'impression de me promener dans les décors du film *Good Bye, Lenin !* Comme s'il lisait dans mes pensées, le chauffeur m'interpelle : « Bienvenue en RDA ! » et il éclate de rire. Effectivement, rien ne semble avoir changé depuis la réunification.

Dans le centre-ville, une imposante basilique de style gothique trône au milieu d'une grande place trop rénovée, dont les pierres en toc et le faux pavé jaunâtre brillent sous les lampadaires comme un décor monté à la hâte pour une séquence de film dont on aurait mal réglé les lumières. La vieille ville a été détruite à quatre-vingts pour cent par les bombardements alliés et l'administration de l'Allemagne de l'Est n'a jamais jugé utile de la reconstruire. Ce n'est qu'après la chute du Mur que des travaux ont été faits, en urgence car il y avait un vrai risque sanitaire, vu l'insalubrité de nombreuses maisons. Cette rénovation de crise, bouclée en dix-huit mois, explique que les règles de l'art n'aient pas été respectées. D'où ce sentiment de déambuler dans un décor de film.

C'est sûrement ce qui a conduit George Clooney à venir y tourner deux plans de *Monuments Men*, le film qu'il a réalisé sur la récupération des œuvres d'art volées par les nazis. Au chapitre des célébrités, j'apprends que Kafka passa une nuit à Halberstadt le 7 juillet 1912 (il le mentionne dans ses lettres). La mère de Henry Kissinger, Paula Stern, était originaire de Halberstadt, tout comme Micha Maor, l'agent du Mossad qui photographia dans le bureau du procureur de Francfort les preuves irréfutables de la responsabilité d'Adolf Eichmann.

L'hôtel est à l'image de la ville, dans son jus. Il n'a d'étoiles que dans sa brochure, pas dans le confort de ses chambres ni dans le style de sa décoration. Le réceptionniste me précise d'un air gourmand, en désignant une salle à manger aux portes encore closes : « C'est la semaine de l'oie, réservez vite, le restaurant est complet tous les soirs ! » Le gros paquet de bretzels entrevu au-dessus du minibar fera office de dîner.

Le lendemain, je foule les pavés des ruelles de la vieille ville. Sous la brume matinale, les maisons refaites et peintes dans un pur style baroque font presque illusion. J'ai rendez-vous à la Mendelssohn Akademie, au cœur de l'ancien quartier juif, situé derrière la cathédrale. C'est là que se trouvaient jadis la synagogue, l'école juive et les bains rituels. Je lis dans un dépliant offert à l'entrée que ce lieu a été créé en 1996 à l'instigation d'une ancienne famille juive originaire de Halberstadt, dont le nom, que je verrai souvent inscrit sur diverses plaques commémoratives, me fera frissonner à chaque fois. Encore une coïncidence ou est-ce un clin d'œil du destin ? Cette famille bienfaitrice s'appelle Nussbaum. C'était le nom de jeune fille de ma mère.

Quatre femmes travaillent à plein temps dans des locaux exigus mais chaleureux. Elles prennent soin des archives et du musée attenant, où l'on peut voir les vestiges du *mikve*, le bain rituel communal, quelques objets de culte, des photographies anciennes et d'autres traces du passé. De l'ancienne synagogue baroque il reste un mur, conservé intact car il était porteur et soutenait celui d'une maison catholique. Une maquette en bois reconstitue précisément le lieu et témoigne de sa magnificence d'antan.

Dans la pièce suivante, une petite vitrine accrochée à un mur attire mon regard. C'est une étoile jaune, posée debout sur un support transparent. C'est la première fois que je suis confrontée à l'objet même, et non à sa représentation. L'arrière de l'étoile est face à nous, on en distingue l'agrafe courbée. Ses six coins sont recouverts d'une vilaine toile de jute d'un jaune moutarde, grossièrement cousue. L'étoile se reflétant dans les parois de verre, le mot « Juif » écrit en allemand s'y lit distinctement.

En 1941, lorsque le port de l'étoile jaune devint obligatoire, Max était à Johannesbourg, mon père en Palestine. Aucun d'eux n'eut à la porter.

Dans ce lieu consacré à la préservation de la culture juive ne travaillent que des non-Juifs. Il n'y a plus aucun Juif à Halberstadt, à part quelques immigrés russes totalement athées. Dans cette ville où jadis les Juifs représentaient dix pour cent de la population, on ne célèbre plus aucune fête, aucune tradition n'est demeurée.

Des Juifs sont pourtant présents dans le diocèse de Halberstadt dès 1261. Ils vivent sous la protection de l'évêque et doivent payer une taxe annuelle. Après la guerre de Trente Ans, les Juifs dépendent désormais du roi de Prusse, qui leur interdit d'exercer toute profession autre que le commerce. En 1807, dans le nouveau royaume de Westphalie, ils bénéficient des droits civiques établis par le code Napoléon. Halberstadt devient le siège du rabbinat. Les Juifs sont parfaitement assimilés et pratiquent alors une religion néo-orthodoxe. À la fois pieux et modernes, ils préconisent de se fondre dans la société allemande, d'apprendre sa langue, de suivre ses lois, de respecter ses coutumes, tout en conservant un lien étroit avec leur religion. Juifs et catholiques cohabitent dans le même quartier, à l'ombre de la cathédrale Saint-Étienne.

En 1927, avec la crise économique, l'antisémitisme devient une réalité. Comme partout en Allemagne, la communauté juive se sent intégrée et ne croit pas qu'il soit nécessaire de partir. Après la nuit de Cristal, le 9 novembre 1938, s'enfuir deviendra impossible.

Le lendemain, les nazis décident qu'il faut détruire la synagogue. Mais elle est mitoyenne de maisons à colombages traditionnels, la brûler serait dangereux. Alors les nazis rassemblent les Juifs et les forcent à la démonter, pierre par pierre.

Le 12 avril 1942, les Juifs sont tenus de se rassembler devant le bureau de l'état civil, situé au pied de la cathédrale. Ils seront cent cinquante ce jour-là à partir dans les camps. En tout, quatre cents Juifs de Halberstadt mourront en déportation. Un mémorial gravé de leurs noms est installé sur le parvis de la cathédrale depuis 1992.

Personne n'est capable de me dire pourquoi la ville s'appelle Halberstadt. Est-ce parce qu'elle est traversée par deux rivières, l'Holtemme et le Goldbach, deux affluents de la Bode qui divisent la ville en deux, d'où ce concept de « demi-ville » ?

Je suis impressionnée d'apprendre que Luther, dans son *Commentaire du livre de la Genèse*, consacre un paragraphe à cette question : « La ville de Halberstadt s'appelle ainsi à cause d'un certain prince Albero, un noble d'importance. »

Une troisième thèse fait remonter le nom de la ville à l'époque où deux peuplades coexistent dans la région. Les Thuringeois l'appellent Albherstadt en hommage à son fondateur, Albher. Les Saxons appellent le fondateur Halver et la ville Halverstadt. Au fil du temps, l'orthographe saxonne l'emporte, jusqu'à ce que le nom Halberstadt s'impose. Cette thèse que privilégient les historiens est la plus poétique, puisque le nom du fondateur de la ville signifie, en saxon et quelle qu'en soit l'orthographe, « le seigneur des elfes ».

Tous ceux que je rencontre confirment unanimement le résultat de mes recherches sur Internet : aucun habitant ne s'est jamais appelé Halberstadt, personne ici ne porte ce nom.

Mon nom de famille les amuse.

Ils en croisent parfois, des Halberstadt. Ce sont toujours des touristes.

Mon père pensait que les Halberstadt étaient tous de la même famille.

Il avait tort.

Mais les Halberstadt à travers le monde ont une histoire commune.

Ils sont tous juifs et ils ont tous un ancêtre originaire de Halberstadt.

Les habitants que j'interroge sont catégoriques.

Ne portent ce nom que ceux qui, il y a très longtemps, sont nés ici, y ont vécu, puis en sont partis pour toujours.

Les noms de famille datent du dixième siècle.

Avant cela, le prénom de naissance, accolé à celui du père, suffisait.

Ensuite il y a eu les départs forcés, les pogroms ou l'exil.

Il a fallu s'inventer un nom.

Halberstadt, c'est le nom choisi par ceux qui ont voulu garder une trace de leurs racines, pour les générations futures.

Pour eux, cette ville est devenue un nom lié au souvenir, à la mémoire.

Un nom pour échapper à l'oubli.

Un nom pour dire : « Voilà d'où je viens. »

Max et mes grands-parents Halberstadt ne sont sans doute pas de la même famille.

Mais leurs ancêtres viennent de la même ville.

Ils ont arpenté le même quartier, marché dans les mêmes ruelles, prié dans la même synagogue. Ils se sont connus, côtoyés, fréquentés.

Ils étaient sûrement amis, à défaut d'être frères.

Ils sont tous nés ici, à Halberstadt, une ville d'Allemagne de l'Est où jadis les Juifs se sentaient chez eux.

Remerciements

Je n'aurais pas pu écrire ce livre sans la confiance et la générosité de :

Peter Rosenthal
Mark Spangenthal
Eva Spangenthal née Halberstadt
Wilfried Weinke

Vous m'avez, chacun à votre façon, aidée à avancer. Merci infiniment à :

(par ordre alphabétique)
Stéphane Carlier
Caroline Daube
Jutta Dick
Jakub Duszynski
Miriam Gillis-Carlebach
Barbara Guggenheim
Stefan Suchalla
Jürgen Sielemann
Guillaume de la Boulaye
Emmanuel Halberstadt

Menahem Halberstadt
Brigitte Radtke
Michael Studemund-Halevy
Tatiana Wajnberg née Halberstadt
Albert Wiederspiel
Witold Wrzosinski

Merci à
Marie Alstadt, mon éditrice, qui y a toujours cru et m'a encouragée avec enthousiasme.
Teresa Cremisi, pour sa lecture perspicace.
Richard Ducousset, qui est toujours de mon côté, même quand il n'est pas d'accord.
Emmanuelle Touati, qui m'a mise sur la piste de Max.

Gratitude éternelle à
Laurent, Charlotte et Arthur, pour leur patience et leur soutien inconditionnel.

DU MÊME AUTEUR

Aux Éditions Albin Michel

CAFÉ VIENNOIS, 2006.

L'INCROYABLE HISTOIRE DE MADEMOISELLE PARADIS, 2008.

UN ÉCART DE CONDUITE, 2010.

LA PETITE, 2012.

MON AMIE AMÉRICAINE, 2014.

BRÈVES RENCONTRES, 2017.

Chez d'autres éditeurs

PRENDS SOIN DE TOI, Flammarion, 1991.

ADJANI AUX PIEDS NUS, Calmann-Lévy, 2002.

Composition : IGS-CP
Impression : CPI Bussière en janvier 2021
Éditions Albin Michel
22, rue Huyghens, 75014 Paris
www.albin-michel.fr
ISBN : 978-2-226-45750-9
N° d'édition : 24269/01 – N° d'impression : 2054428
Dépôt légal : février 2021
Imprimé en France